Heibonsha Library

創造する無意識

平凡社

Heibonsha Library

創造する無意識

ユングの文芸論

C.G.ユング著
松代洋一訳

平凡社

本書は一九八五年十一月、朝日出版社より刊行された著作に改訂を施すとともに、新稿「分析心理学と文芸作品の関係」と年譜を付加したものです。

目次

分析心理学と文芸作品の関係[*1]

分析心理学と文芸作品の関係について述べよということですが、これは私にとってむずかしいけれどもありがたくもあって、この機会に、あれこれ論義の絶えない心理学と芸術の関係について、私の立場を明らかにしたいと思います。疑いもなくこれら二つの領域は、およそかけ離れていながらも、互いに密接な関係を持っていて、その解明を人に迫らずにはいません。その関係というのは、芸術の創作も一つの心理的活動であるという事実に基づいていて、そのようなものである以上、心理学的な考察の対象にすることができるし、またしなくてはなりません。この観点から見れば芸術も、その他もろもろの心的動機から発する人間の活動と同じように、心理学の対象の一つなのです。ところでこう断定はしましたが、同時に心理学的観点の応用について明確な制限もここに生ずるので、それは、芸術のうち作品創造のプロセスに関わる部分だけが心理学の対象になりうる、芸術本来の本質を成す部分は対象たりえない、ということです。後者は芸術とはそもそも何かという問題であって、心理学ではなくもっぱら美学・芸術論の考察の対象であります。

これと似たような区分けを、私たちは宗教の分野でも峻別しなくてはなりません。宗教についても心理学的考察は、ある宗教の情動的・象徴的現象に関して行われるだけで、それによって宗教の本質には触れられないし、また触れることもできません。もしも本質に触れることができるのならば、宗教のみならず芸術も心理学の一分枝となってしまうでしょう。もちろんこう言ったからといって、実際にそうした侵犯が起こっていないというわけではけっしてありません。だがそんな越権を犯す人は、心理学もまた同様の扱いを受けかねないということを明らかに忘れているのです。心理学には心理学独自の固有の価値と本質があるのに、単なる脳の活動として他の内分泌腺の活動と並べてしまえば生理学の一部門に格下げされて、雲散霧消してしまいます。実際、そんな目に遭っているのは、すでにご存じのとおりです。

芸術は本質上科学ではなく、科学は本質上芸術ではありません。両者とも独自の精神領域として、他の領域からの説明を受けない固有の権利を持っています。したがって私たちが心理学の芸術に対する関係を云々するときは、侵犯なしにそもそも心理学的考察に委ねることのできる側面だけを扱うことになります。心理学が芸術に関して発見できることといえば、つねに芸術活動の心理的プロセスに限定され、芸術そのものの核心にはけっして触れることがありません。それは知性が感情の本質を論じたり把えたりすることができないのと同じです。実際、両者の原理的な違いというものが、はるか以前から人の認識に上っていなかったなら、これらはふたつながら独自の本質を持ったものとして存在しているはずがありません。事実小さな子供にあっては、「学部間の争い」などはまだ萌《きざ》しておらず、芸術と科学と宗教それぞれの素地や能力はまだひとかたまりになってまどろんでいます。さらに例を挙げると、未開人においては芸術と科学と宗教の萌芽が、呪術的メンタリティの混沌のなかで、未分のままに寄り合っています。加えて第三の事実を挙げるなら、動物にあっては「精神」なるものはまだ認められず、あるのは「自然本能」ばかりです。これらの事実はすべて、芸術と科学の本質には、それがあって初めて一方を他方に包摂したり還元したりすることができるような原理的な一体性などはまるでないことを証明しているのです。精神の発展段階を遡って、個々の精神領域の原理的な相違が見分けられないところまでいくと、そこで行き着くのはそれらを統合する一段深い原理の発見などではなく、発達史上ごく初期の、単なる未分化の状態であって、そこではあれもこれもまだ存在してはいないのです。この基礎的状態は、たしかに後のより高度に発達した状態がすべてここから発しているには違いないが、それらの本質についてなんらかの結論を導くことができるような原理であるわけではありません。

こうした考察を行っておくことは、今日とりわけ必要であるように思います。というのも、近年、芸術作品といえばすぐにこのように、一段基礎的な状態に還元するようなやり方で解釈するのがあちらこちらで見受けられるからです。たしかに作品創造のあれこれの条件や素材、その人その人の素材処理の仕方などは、たとえば作家の両親に対する個人的関係に帰せしめることもできましょう。だがそうしたところで、その芸術の理解にとっては何の足しにもなりません。こんな還元の仕方なら、他のどんな場合にでもできるので、病気や障害の場合も例外ではないのです。神経症や精神病だって、子供の頃の両親に対する関係に還元することは容易です。神経症ばかりか、良い習慣、悪い習慣、さまざまな信条や癖、情熱や興味の対象等々すべてそうです。しかしこれら千差万別のことがらが、いわば唯一同じ説明で片づくとはとても考えられません。もしそうできるなら、これらはすべてやはり同じ一つのものだということになってしまいます。同様にある芸術作品に、神経症とまさに同じ説明が当てはまるなら、その芸術作品は神経症であるか、それともその神経症が芸術であるか、どちらかになってしまいます。逆説的な言葉遊びなら、そんな言葉の綾（façon de parler）も許されましょうが、健全な人間理性は、芸術と神経症を同列にみなすことには逆らわずにはいられません。神経症を芸術作品とみなしたりするのは、せいぜい職業上の眼鏡で物を見る分析医くらいのもので、思慮ある一般人は病的現象と芸術をいっしょにすることなど思いもよらないでしょう。もちろん芸術作品の成立には、神経症とよく似た心的状況が前提にあるという事実は分析医も否定できません。しかし芸術作品の場合にもそうだというのは、要するになにがしかの心的前提というものがどこにでもあるからにほかならず、しかも人間の生活条件が、おおむね似たりよったりであるために、それら心的前提もいっこうに変わり映えせず、ノイローゼの学者でも詩人でも、ごく普通の人間でもみな同じなのです。万人等しく両親があり、いわゆる父親コンプレクスがあり、母親コンプレクスがあり、性の問題を抱えており、そのためになんらかの典型的でごく人間的な困難を負っているのです。ある詩人は父親との、ある詩人は母親との関係に多く影響を受けている、別の詩人は性的抑圧の痕跡をはっきり作品に留めている、だがこんなことは神経症患者の誰にでも言えることです。それどころか、正常な人間すべてに当てはまる。だからそれを指摘したからといって、芸術作品の判断にとって何の足しになったわけでもありません。せいぜい作品の歴史的な背景が広げられ、深められるにすぎないのです。事実、フロイトの創始した医学的心理学の方向は文学史家に多大の刺戟を与えて、個々の芸術作品のあれこれの特性を、その作者の個人的な内面の体験と結びつける試みが行われるようになりました。といっても、それまでの文芸作品の学問的探究は、詩人の個人的な内面の体験がその作品に、意図的にであれ意図せずにであれ、織り込んだ幾筋かの糸を、まるで発見していなかったというのではありません。しかしフロイトの仕事によって、幼児期にまで遡る体験が芸術作品に与える影響というものを、場合によってはこれまで以上に深く余すところなく詳《つまびら》かにすることができるようになりました。節度とセンスをもってこれを適用するならば、芸術作品がいかにしてひとたび芸術家の個人的な人生に編み込まれ、そこから再び解きほぐされて誕生してくるかという、ときに目を奪うほど鮮やかな全体像が浮かび上がってくるのです。そこまでは、いわゆる芸術作品の精神分析も、広く行われている巧緻流麗な文学的心理分析と、原理上少しも変わりありません。あってもせいぜい程度の差ですが、ときに人を驚かせるのは、もう少し繊細な把え方をする人なら、モラル感覚から言ってとても考えられないような結論や証明を無遠慮に突きつけるところです。人間的な、あまりに人間的なものに対するこの憚りの欠如こそは、医学的心理学につきものの職業上の性癖であって、すでにメフィストフェレスが正しく見抜いていたように、（患者に）「いらっしゃいと言って」、「他人が永年その周りをうろついている」、「七つ道具を片っぱしからまさぐる」のです。だが残念ながら、それで自分が得するとは限らないのですが。無遠慮な結論を下してもよいとなると、往々力ずくで人を決めつけることになります。ちょっとばかりのスキャンダルなら、ときには自伝に塩を添えましょうが、ちょっとでも多すぎると卑しい嗅ぎ廻りになって、ここに趣味の良さは科学の隠れ蓑の下に悪趣味の極みになってしまいます。いつのまにか芸術作品への関心はわきへ逸《そ》れて、絡み合う心理的前提条件の錯節たる迷路に迷い込み、作家は病的なケースだとされて、たとえばいくらでもある性的倒錯（psychopathia sexualis）の一つに数えられてしまう。だがそのときは、芸術作品の精神分析もまたその対象から逸脱して、議論はごく一般的で人間的な、芸術にとってはまったくどうということはない、つまりはその作者の作品にとってまるで本質的でない領域にさまよい出てしまっているのです。

この種の分析は、芸術作品に行き着く以前の、ごく一般の人間心理の領域に通ずるばかりで、そこからならば芸術作品のみか、およそ何でもかんでも生じてきます。だからこの領域からする芸術観は、たとえば「すべて芸術家はナルシストである」といった平板陳腐なものにしかなりません。およそ自分の思うところをもっぱら貫こうとすれば、誰だって「ナルシス」だということになります。ただしそれも神経症病理学上の特殊概念をこんなに広げて用いてよいならばの話で、だからこうした言い方は気の利いた洒落としては人を驚かしても、実は何も言ったことになりません。こんな風な分析は芸術作品そのものとは何の関わりもなく、ただモグラのように、隙さえあれば作品の下やら背後やらにもぐり込もうとするようなもので、もぐったところは結局人間性一般を載せ育てている土壌にほかならず、したがってそこからする説明は呆れるばかりに単調で、医者の診察室で聞かされるのと同じものでしかないのです。

フロイトの還元的方法は、もともと本来的でない病的な拘束を対象とする、医学的な治療法の一つです。こうした病的な拘束は、正常な発現にとって代わったものですから、健全な適応への道が開けるためには破壊されなければなりません。こうした場合には、一般の人間的な基盤にいったん帰ってみることが妥当なのです。だがこの方法も芸術に適用されると、まさに先ほど述べたような始末と相成って、芸術作品の繊細微妙な衣を脱がせては、作家もまたその一員であるホモ・サピエンスの、何の変哲もない裸の日常をむき出しにしてみせることしかできません。あの至高なる創造の、黄金の輝きについて語ろうとしたのに、ヒステリー患者の幻覚妄想なみに腐食処置を施したばかりに、輝きもすっかり色褪せてしまうのです。こうした剖検は確かに面白いし、ニーチェの脳の解剖所見と同じように科学的な価値もあるでしょう。だがそれもニーチェが進行性麻痺のどんな変種で死んだかを明らかにするだけで、それが『ツァラトゥストラ』と何の関係があるというのでしょうか。ニーチェの作品の背景や基盤に何があったにせよ、それが作品であるわけではない、作品は独立した一個の世界であって、人間的な、あまりにも人間的な欠陥や短所の彼方にあり、偏頭痛や脳細胞萎縮の彼岸にあるのではないでしょうか。

ここまで私は、フロイトの還元的方法について語りながら、この方法を成り立たせている細部には触れませんでした。この方法は神経症患者を診《み》る際の医学的心理学的な技法であって、いかにして患者の意識された表層を迂回しあるいは透視して、その心的背景、いわゆる無意識に到達するかという道と手段にもっぱら心を砕くものです。この技法は、神経症患者というものがなんらかの心的内容を、それが意識と両立しない（相容れない）ために意識から排除しているという前提の下に成り立っています。相容れないというのは、道徳上相容れないと考えられるという意味で、したがって抑圧された内容はそれに応じてネガティヴな性格を帯びています。たとえば小児性欲的な、猥褻なものから、犯罪的なものに至るまでの否定的な性格が、これらの内容を意識に受け容れがたいと思わせているのです。世に完全な人間などいない以上、当人が認めようと認めまいと、誰でもこういった背景をもっているのは当たり前で、だからまた実際、フロイトの完成した解釈法だけを当てはめようとすれば、どこにだって見つけることができるのです。

限られた時間でこの解釈法の詳細に立ち入ることは、ここではもちろんできません。だから二、三の示唆を付け加えるに留めたいと思います。さてこれら無意識の背景は、活性化されずに留まっているわけではなく、意識内容にある種の影響を与えることによって露呈されてきます。たとえば独特な性質を帯びた空想を産み出したりしますが、これは多くの場合、背後になんらかの性的観念が潜んでいることが容易に推察できます。あるいはまた、意識の流れを一種奇妙なやり方で妨げたりもしますが、これまた抑圧された無意識内容のせいだとみなすことができます。なかでも重要な、無意識内容の認識の手がかりは夢で、夢こそは無意識の活動の直接の所産なのです。フロイトの還元的方法の要点は、これらの手がかりから得られた無意識の下層もしくは背後にあると考えられるものの間接証拠を一切合財集めて、それらに分析と解釈を加えて、無意識の基本的な衝動現象を再構築するところにあります。フロイトは、無意識的背景の存在を暗示するこうした意識内容を象徴と呼びましたが、これは間違った命名で、フロイトの学説ではこの象徴なるものは、背後に起こっている事象の徴表あるいは症候の役割しか果たしてはおらず、本来象徴の持っている役割、すなわち、それ以外の形では、あるいはそれ以上の形ではまだ把握することのできない直観の表現と考えるべき象徴とは、まるで違っているのです。たとえばプラトンは、認識論の抱えている問題の全体を洞窟の比喩で表し、キリストは神の国の概念をもっぱら喩《たと》え話で語りましたが、これこそがまさに正真正銘の象徴であって、象徴とは、まだそれを表すべき言葉や概念がないものをなんとかして表現しようとする試みにほかならないのです。もしもプラトンの比喩を、フロイトに倣って解釈しようものなら、洞窟はさしずめ子宮ということになって、プラトンの精神ですらいまだ根の次元に深く足をとられていて、幼児期性欲から抜け出せないでいるとでも証明することになるでしょう。だがそれではせっかくプラトンが、その哲学的直観の原初的前提を創造的に形象化したものをまるで看過ごしたことになってしまいます。うかつにもプラトンの真意は素通りして、ごく一般に死すべきもの誰にでもある小児性欲の幻想をプラトンも持っていたことを発見したに留まるでしょう。こんな結論でも価値があるのは、プラトンを非凡な超人と思っていて、それがただの人間にすぎなかったと知って大いに満足を覚える人にとってぐらいでしょう。だがプラトンを神だなどと思うのはどういう人間でしょうか。それはせいぜい幼児的幻想に支配されていて、したがって神経症的メンタリティを持った人間でありましょう。そうした人間にとっては、ごく普通の人間的真実に還ることも、医学的見地から言って有益です。しかしプラトンの比喩の真意とは、これは何の関係もありません。

これまで長々と、医学的精神分析と文芸作品の関係を論じてきましたが、それも理由あってのことなので、というのもこの種の精神分析が同時にフロイトの教義でもあるからです。フロイトは自らその硬直した教条主義によって、これら根本からしてまるで異なる二つのものを同じであるかのように人々が思うように仕向けました。しかし精神分析の方法自体は、ある種の医学的なケースに適用して有益な成果を挙げ、しかもなんら主義や教義に仕立て上げずにすませることもできるのです。ひとたび教義となれば、全力を挙げて異議を申し立てずにはいられません。それは勝手な前提の上に成り立っているからで、たとえばノイローゼはけっして性的抑圧からだけ生じるものではないし、精神病だってそうではありません。夢の内容はなにも、仮設上の夢の検閲によって隠されねばならないような、受け容れがたい抑圧された願望ばかりではありません。フロイトの解釈法は、彼の一面的でそのぶん偏った仮設に左右されている限り、明らかに恣意的なものでしかないのです。

芸術作品を正しく評価しようとすれば、分析心理学は医学的な先入見をきれいに払拭しなくてはなりません。芸術作品は病気ではなく、したがって医学的な位置づけとはまるで別種の定位を要求するからです。医者が病気の原因を探って、できればその病気を根絶やしにしようとするのが当然であるように、心理学者が芸術作品に対するときは、今度は当然それとまったく正反対の態度を採らねばなりません。芸術作品に疑いもなく先行する人間誰しもの持つあれこれの条件を問うような余計なことはやめて、作品の意味を問うことになりましょう。さまざまな前提条件は、その意味の理解にとって問題となる限りで興味を惹くにすぎません。作者の作品に対する個人的な因果関係は、大地とそこに生長する植物の間のそれと同じで、それ以上でもなければ、それ以下でもありません。確かに、植物の育つ場所の性情を知れば、その植物の特性のなにがしかは理解できるでありましょう。植物学者にとっては、これはその知識の重要な構成要素の一つでもあります。けれどそれでもってその植物の本質の一切を知ることができたなどとは、誰も言い張りはしないでしょう。個人的な因果関係を問うことによってもたらされる、個人的な特性に着目する視点は、芸術作品に対してはまったく妥当性を欠いたもので、それというのも芸術作品は人間ではなく、個人を超えたものであるからです。それは個人的性格を持たないあるものであって、だからそれに対して個人的な物差しを当てても何にもなりません。それどころか、真の芸術作品に特別な意味があるのは、個人という存在の狭さと袋小路を脱け出して、ただ個人的でしかないものの無常と息苦しさを尻目にかけて、天日遥か天翔けるところにあるのです。

私は個人的な体験から正直に言いますが、芸術作品に向かったとき、職業上の眼鏡を外して、手近な生物学的因果論を払拭してこれを見るのは、医師にとってけっして易しいことではありません。しかし私にだんだんわかってきたことは、単に生物学的な基盤に立つだけの心理学は、人間そのものに対してはある程度の正しさを得られても、芸術作品、したがってまた創造者としての人間に対しては、まるで応用が利かないということです。純粋に因果律だけで成り立っている心理学は、一人ひとりの人間をホモ・サピエンスという種の一員に還元する以上のことは何もできません。なにしろこの種の心理学にとっては、出自と派生以外何もないのです。しかし芸術作品はただ派生したもの、どこからか出てきたものであるに留まりません。それはまさに因果律に基づく心理学が、作品をそこから当然のように導き出そうとしたあの前提条件自体を、創造的に新しく造り変えたものなのです。植物は大地の産物であるだけでなく、それ自体で自足し、生動している創造的プロセスでもあって、その本質は大地の性情と何の関わりもありません。それが持っている意味と固有のあり方は、それ自体の内に自足していて、外なる前提条件の方にあるのではない、そう、あえて言うならば、芸術作品は人間とその個人的な素質を畑として利用するにすぎず、畑の持つ滋養分をおのれの法則に従って駆使し、自分自身をかくなりたいと欲するところのものに造り上げるのだと言えるでしょう。

もっとも、こう言いますのは、ある特殊なジャンルの芸術作品を念頭に置いてのことで、そのジャンルなるものをまず紹介しなければなりません。というのも、芸術作品どれもこれもが今申した具合に作られるとは限らないからです。

さて、詩でも散文でもそうですが、もっぱらあれこれの効果を目指す作者の意図と決断の下に成り立つ作品というものがあります。この場合作者は、自分の持てる素材を方向の決まった意図のはっきりした仕方で料理します。あれを加え、これを取り、あの効果を強め、こちらは柔らげ、ここにはこの色を盛り、そのぶんあちらの色はどうしたらどういう効果が出せるか、慎重に考量し、美的様式、文体の法則に絶えず目を配りながら塗り上げていきます。作者は作業を進める上に、鋭く判断を加え、全き自由に従って表現を選びます。用いる素材は彼にとって、芸術上の意図に従わせるべき単なる素材にすぎません。彼はまさにこれが述べたいのであって、それ以外ではないのです。この活動にあっては、詩人は創造のプロセスそのものにほかならず、自ら進んでこの創造行為の先端に立ったのか、それとも創造のプロセスの方が作者を道具として完全に捕えてしまい、本人はまったくその事実を意識しなくなってしまったのかは、関係ありません。作者は創造的形成そのものであって、持てる意図と能力の一切を挙げて、分かちがたく形成のただ中に身を置いているのです。今さら文学史の中から、あるいは詩人自らの告白から、その実例を持ち出すには及ばないでしょう。

　さて、もう一つのジャンルの芸術作品について語る番ですが、こちらについても新しいことは何も言えません。それは多少の差はあれ初めから全体としてでき上がったものとして、まるですっかり武装したパラス・アテナが父ゼウスの額《ひたい》から飛び出したように、作者の筆に流れ込んでこの世に生まれ出た作品です。こうした作品は文字通り作者に押しかけてきたのであって、彼の手はいわばそれに捕えられて、ひとりでに筆が動きものを書いたにすぎず、彼の精神は、あれよあれよと目を丸くするだけだったのです。形式も、その作品がいっしょに持ってくるのであって、こちらで付け加えたくても拒否され、受け容れたくなくても押しつけられるばかりです。作者の意識がなすところなく呆然とこのさまを前にたたずんでいる間に、溢れんばかりの思想とイメージが、彼の意図が創り上げたのでもなく、彼の意志が思い浮かべようとしたわけでもないのに、洪水となって襲いかかってくるのです。しかしいやいやながらにでも彼は、おのれの自己が、これらすべての作品において、自分の中から語り出ていることを認めるほかはありません。おのれのいちばん内奥の本性が現れ出て、自らわが舌に語れと命じた覚えのまるでないことどもを声高らかに告げ知らせているのに気づかされるのです。彼には、ただ黙って服従し、この一見他所からやって来た衝動に従うことしかできません。自分の作品が自分より偉大であり、それゆえ自分で命令を下すことのできない力をわが身に振るっているのを感じるばかりです。彼本人は、創造的形成のプロセスとは同一でありません。自分が作品の下方に、あるいはせめて傍らに立っている、いわば第二の人物として、ある見知らぬ意志の呪力圏に陥っている存在にすぎないことを自覚しているのです。

　私たちが芸術作品に心理学的考察を加えるときは、何よりもこれら二つの、まるで異なる作品成立の仕方を眼中に置いていなければいけません。心理学的判断にとって重要な多くの事柄は、ひとえにこの違いに由来しているのです。この対立はすでにシラーが感じ取ったところでした。シラーはご存じのようにこの違いを感傷の文学と素朴の文学という概念で把えました。こういう表現を選んだのはきっと、シラーがもっぱら詩作活動を眼中に置いていたためでしょう。心理学の言葉では、前者は内向的、後者は外向的と呼ばれます。

内向的な態度は、客体からの要請に対する主体および主体意識的な意図や目的の主張を特徴とします。それに対して外向的態度の特徴は、客体の要請に対する主体の従属です。シラーの戯曲は、私の見るところ素材に対する内向的な態度というものをまことによく語っています。シラーの詩も多くは同様です。素材は詩人の意図通りにこなされています。これと反対の態度を私たちにまざまざと見せてくれるのが『ファウスト 第二部』で、ここでは素材は頑として譲らずおのれを主張しています。もっと格好の例はニーチェの『ツァラトゥストラ』でしょう。なにしろ著者自ら「一が二になった」と言っているのです。

おそらく私の話しぶりからすでにお気づきだろうと思いますが、私がもはや個人としての詩人について語るのはやめて、創造のプロセスそのものを語り始めたとたんに、心理学的スタンスはすでに移動しています。関心の重心は創造のプロセスの方に移って、詩人の方はいわば、もはやそれに反応を示す客体として考察されているにすぎません。作者の意識が創造の過程ともはや同一でない以上、これは一も二もなく明らかなことです。それに対して初めに述べたケースは、一見これとまったく反対であるかのように思えます。作者は創造者そのものであって、まったく自発的に、これっぱかりの強制もなしに書いているとしか見えません。実際、彼自身きっと自分の自由を確信していて、自分の創作がそのまま彼の意志であるわけではない、もっぱら自分の意志と自分の能力から出てきたものではないなどと認めようとはしないでしょう。

ここで私たちは、詩人たち自らがその創作の種類について語る言葉からは、おそらく答えることのできない問題にぶつかるのです。というのも、これは科学的性格の問題であって、これに答えられるのはただ一つ心理学だけなのです。それはすでにちらと仄めかしておきましたように、一見意識的に自分自身の中から、自由な裁量によって自分の欲するものを創るタイプの詩人が、かくも意識的でありながら、それでもなお創造衝動に捕えられるあまり、自分ではもうそこに働いている他者の意志を自覚できなくなっているという場合であります。これは反対のタイプの詩人が、一見外からやって来るように思えるインスピレーションの中に、実は自分の自己が聴き取れるだけの声で語りかけているにもかかわらず、そこに自分自身の意志を直接感じ取ることができないのと似ています。そうであってみれば、自分の創作は絶対的自由の所産だという彼の確信は、彼の意識の錯覚ということになるでしょう。自分では泳いでいるつもりが、実は目に見えない流れによって前方に運ばれているだけなのではないでしょうか。

この疑念はけっしていいかげんなものではなく、分析心理学の積み重なる経験から生まれたものです。無意識の探究は、意識が無意識によってただ影響を受けるに留まらず、導かれさえもするという事例を多数発見してきました。だからこの疑念は正当なものなのです。しかし意識的な文学者の方もまた、自分の作品によって虜《とりこ》にされているという仮定は、いったいどこに証拠があってありうべきことと考えられるのか。証拠には直接的なものもあれば間接的なものもあります。直接的証拠は、詩人が、自分が言っているつもりのことの中に、多少の差はあれ、明らかに自分で気がついている以上のことを語っているという場合でしょう。この例はけっして珍しくありません。間接的な証拠は、作品を書かせた見かけの自由意志の背後に一段高次の「ねばならぬ」という必然が控えている場合で、作者が創作活動を勝手に諦めたりすると、たちまち命令を下すかのごとくに督促を始めるのです。あるいは創作が作家の意志によらず中断を余儀なくされると、もろに重い心の病気に罹ったりします。

実際に芸術家を分析していますと、つねに繰り返し見せつけられるのは、無意識からやって来る芸術創作の衝動というものが、いかに強く、また気まぐれで、しかも一方的な有無を言わさぬものであるかということなのです。偉大な芸術家の創作衝動がいかに強く、当人の人間性の一切を引っさらい、健康や人間としてのごく普通の幸福を奪い取ってまでも、その作品に奉仕させるものであるかは、これまで多くの伝記作者が証明してきたところではなかったでしょうか。芸術家の心の中にあっていまだ生まれ出てない作品は、一つの自然の力であって、暴君的な腕力を振るうか、自然が目的を貫くときのあの微妙な狡知を働かせるかして、創造の担い手である人間の個人的安危や禍福にはおかまいなしにおのれを貫こうとするのです。創造的なるものは人間の中に、大地に木が生えるように生きて育つのであって、貪欲に養分を吸い取ります。だから私たちは、創造的形成のプロセスを人間の心に植え付けられた一つの生き物であるとみなしていっこうに差し支えありません。分析心理学はこれを自律的コンプレクスと呼んでいます。それは心の分離した一部分として、意識の支配を逃れた独立した心的生活を導き、そのエネルギー価に応じ、力に応じて、あるいは任意の方向に向かう意識のプロセスを妨害したり、あるいは自我より上位にある審判官として自我を思いのままに動かしたりさえするのです。それに対応して言うなら、あの創造のプロセスと一体化する方の詩人は、無意識の「ねばならぬ」に襲われたとき、端《はな》からそれを受け容れるタイプであり、もう一方の、創造性がほとんど異質な暴力として立ち向かってくる詩人は、なんらかの理由でそれを進んで迎え入れることができず、したがって「ねばならぬ」に急襲されるタイプと言えるでしょう。

この成立の仕方の違いは、個々の作品についても感じ取ることができるはずです。ある作品は意図的な、意識を伴い意識に方向づけられた産物で、狙った様式や効果を考えて組み立てられています。また別の作品は無意識の自然から発せられた現象で、人間の意識はそこに何も付け加えておらず、それどころか場合によっては意識に逆らって、そちらがおのれを押し通し、様式や効果までむりやりわがものとしているのです。前者にあってはしたがって、当然予想されるように、作品は意識の了解の範囲を越えることなく、いわば意図の枠内に留まり、作者が盛り込もうとしたもの以外はなにも言ってはおりません。後者の場合は、超個人的なものを想定しなければならず、これが意識の了解範囲を今度は大きく踏み越えて、作者の意識は作品の展開から遠ざけられています。こうなると出てくるイメージもフォルムも予想外のものと思って間違いありません。思想はただ漠然としか摑めず、言葉は意味を体内に孕んだままです。その表現が真の象徴の価値を持っていると言ってよいのは、未知のものをなんとかして表現しようとしているからであり、見えない彼岸に架け渡す橋となっているからなのです。

これらの基準は実際にもまたおおむね当てはまるもので、ある作品が、意識的に選んだ素材を明らかにはっきりした意図をもって料理したものであれば、それは初めに挙げた特性を備えているでしょうし、後者の場合は後者の特性を備えているでしょう。既にお馴染みの例を挙げれば、一方にシラーの戯曲を置き、他方に『ファウスト　第二部』、それよりもむしろ『ツァラトゥストラ』を置けば、ここに言われたことはいっそうはっきりするでしょう。しかし私はここからただちに、ある未知の作家の作品を、あらかじめその作家と作品の個人的関係についてある程度深く調べることもしないで、いきなりこちらのタイプかあちらのタイプか区分けしてみせようというわけではありません。それどころか、ある作家が、内向型か外向型かを知っただけでは何にもならないのです。というのも、どちらのタイプも、あるときは内向的な態度によって、あるときは外向的な構えで、ものを書くことがありうるからです。シラーの場合には、詩作品と哲学的な文章との間にこの違いが表れています。ゲーテでは、形式の整った詩と、『ファウスト 第二部』を作品として完成させるための永年の格闘との違いがそれに当たります。ニーチェにあっては、その断片的アフォリズムと『ツァラトゥストラ』の脈絡ある流れとがはっきり違っています。同じ詩人が作品の違いに合わせて違う態度を採ることがあるわけで、どちらの基準が選ばれるかは、そのときどきの事情によって左右されるのでありましょう。

この問題は、おわかりのように、きわめて入り組んでおります。しかも先に述べた創造性と一体化する詩人に関する考察を視野に入れるとなると、ことはさらに複雑になります。もしも、意識的な意図の下に行われる創造もまた、その意図や意識は見せかけで、実は詩人の主観的な錯覚にすぎないとしたら、その作品もまたあの未知なるものに届き、時代の意識を越えた、象徴としての特性を持っていると言えましょう。そうした特性が隠されて気づかれないのは、読者もまた時代精神に画された作者の意識の限界を越えていないからにすぎません。読者も同時代の意識の限界の中にあって、自分の世界の外にアルキメデスの支点を手に入れることができないからです。それがなければ人は自分の意識を時代の蝶《ちょう》番《つがい》から外すことができない、言葉を換えて言えば、こうした種類の作品に象徴を看て取ることができないのです。象徴とはまさに、私たちの現下の理解力を越えた、より広くより高い意味の可能性であり示唆であると言えましょう。

この問題は前にも言いましたようにデリケートなものです。私はあえてこれを取り上げましたが、私の類型化のおかげで、作品の意味するところが限られてしまってはなりません。たとえ芸術作品が、一見表向きそうであり表向き語っているところのもの以上の何ものでもなく、それ以上何も語ってはいないように見えたとしても、同じなのです。ある詩人が突然再発見されるというのは、よくあることではありませんか。これは私たちの意識の発達が一段高いところに達したときに起こるので、その地点から眺めるとき、古い詩人が新しいことを語るのです。それはあらかじめ、既に作品の中にあったのですが、ただ象徴として隠れていたため、それを読み取ることは新しい時代精神の再生が起こるまでできなかったにすぎません。別の新しい目が必要であったので、古い目には既に見慣れたものしか映らないのです。こうした体験をうかつに見逃してはならないでしょう。というのも、これこそが、先に私が縷々《るる》述べた見解を裏づけてくれるからです。自ら象徴的と称し一般にそう思われている作品は、こうした微妙さと無縁です。それは初めから言外に意を含ませて、こう語りかけているのです。私は実際に言っていることより多くのことを語ろうとしています、私は私を超え出て「語っている」つもりですと。これなら私たちはその象徴なるものを、たとえ満足のいく謎解きができなくとも、簡単に摑むことができます。その象徴は、読者の追認と追体験の材料にすぎません。このことからまた、象徴的作品が私たちに感動以上の刺戟を与え、いわば私たちの中に深く穿入《せんにゅう》してきて、ためにかえって純粋に美的な享楽が得られることが少ないという事実も生じるのでしょう。一方、はっきり象徴的でない作品の方が、はるかに純粋な美的享受を得させてくれるのは、それが調和に満ちた完成を目の前に繰り広げてくれるからです。

では分析心理学は何を、芸術創造の核心問題について、創造の秘密について、示すつもりなのかと人は問うでありましょう。すべて、これまで私が語ったことはしかし、心理学的現象学以外の何ものでもありません。「自然の内奥へは創られた精神は入り込むことができない」以上、私たちの心理学にも、できないこと、すなわち、私たちが創造的なものの内にじかに感じ取っている大いなる生の秘密にぴったりの説明を加えるなどは、望まないことにしましょう。ほかの科学と同じように、心理学もまた、生命現象に関する知識を修正し深くするうえで慎ましやかな貢献をしてきたにすぎず、絶対的知識からほど遠いのは、ほかの姉妹関係にある学問と何の変わりもありません。

私たちはしきりに芸術作品の意味と意義を口にしてきましたが、そうなると今度は、いったい芸術はほんとうに何かを「意味する」ものなのかという疑念を押えることができません。あるいは芸術は「意味する」ものではまったくなく、「意義」もまるで持ってはいないのかもしれません。少なくとも私たちがここで使っているような「意味」はない、芸術はおそらく自然と同じようにただ「ある」だけで「意味し」てはいないのかもしれません。「意味」とはほんとうに単なる解釈以上のものなのでしょうか。意味に飢えた知性の要求による「秘密の持ち込み」以上のものなのでしょうか。芸術とは美である、それで自足しこと足りる、何も意味など必要としない、意味の問題は芸術と何の関わりもないと言うこともできるでしょう。もしも私が芸術の側に身を置いていたならば、この言葉の真理に従うほかないでしょう。しかし私たちが心理学の芸術作品に対する関係を口にするとき、すでに私たちは芸術の外に立っており、そうであるならばものごとに意味が得られるように、思索し解釈するほかなく、それ以外に何もできないので、さもなければ私たちは、この問題についてまるでなにも考えられなくなってしまいます。私たちは、それ自体で自足している生とその現象を、イメージや意味や概念に分解しなければならず、そうすることによって生きた秘密から遠ざかることに甘んじるほかありません。創造性の中に捕えられている限り、私たちは見ることも知ることもしてはいません。それどころか認識することが許されません。生の体験そのものにとって、認識ほど害になり妨げになるものはないからです。認識のためにはしかし、私たちは創造のプロセスの外に身を置いて外からそれを眺めなければならず、そうして初めて創造過程は観念やイメージとなって意味を語ってくれるのです。そのとき私たちはただ意味を語ることが許されるばかりか、意味を語らなければならなくなります。そしてそれによって、これまでは純粋の現象にすぎなかったものが、他のもろもろの現象との関連において、何かを意味するものとなり、ある役割を演じてなにがしかの目的に奉仕し、意義のある働きを他に及ぼすものとなるのです。そして私たちは、それら一切を目の当たりにすることができたとき、何ごとかを認識し解明することができたという感情を抱くのであって、このとき学問の必要性が認知されたことになります。

前に私たちは、芸術作品を大地に培われて成長する木に喩えましたが、同様にまた母の胎内に育まれる子供という、よくある比喩を当てはめてもよかったでしょう。しかし比喩というものはことの一面にしか当たりません。だからむしろ、寓喩はやめてもっと精確で学問的な用語を用いることにしましょう。私は、今まさに生まれようとしている（in statu nascendi）作品を自律的コンプレクスと呼んだことを思い出しているのです。この言葉は、初めはまったく無意識の内に形成され、意識の境界にまで達したとき意識の中にも入ってくる、一切の心的形成物を指しています。そのときそれらと意識との間に結ばれる関係は、同化や吸収ではなく知覚です。ということは、自律的コンプレクスは確かに気づかれはするけれども、意識のコントロールには従わず、阻止もされなければ任意の再生にも応じないということです。この点がまさに、コンプレクスが自律的である所以《ゆえん》であって、そのもって生まれた傾向にふさわしく、そんな仕方で現れたり消えたりして、意識の意向にはまったく左右されません。ほかでもないこの特性を、あの創造的コンプレクスもまた、ほかのもろもろのコンプレクスと等しく共有しているのです。さらにまた、病的な心理現象との類比が成り立ちうるのも、まさにこの一点においてなのです。病的な心的事象にこそ、自律的コンプレクスの発現がつきもので、その最たるものが精神障害にほかなりません。芸術家の神憑り的な熱狂は、実際、危険なまでに病的なものに近いのですが、それと同じではありません。アナロジーはただ、自律的コンプレクスがそこにあるという一点に留まります。それがあるという事実それ自体は、まだ病的なものの存在を示してはいません。正常な人間もまた、ときにあるいは持続的に、自律的コンプレクスの支配下にあるからです。この事実は要するに心というもののごく普通のありようを語っているにすぎず、もしも人が自律的コンプレクスの存在に気づかないときには、そこには既にかなりの量の無意識性が含まれています。だからたとえば、ある程度分化した類型的な心の傾向は、どれも自律的コンプレクスになる可能性を含んでおり、実際多くの場合そうなるのです。あれこれの衝動もまた、多かれ少なかれ自律的コンプレクスの性質を備えています。自律的コンプレクスはしたがって、それ自体は病的なものではなく、ただその発現が頻繁かつ妨害的な場合にのみ、病気や苦しみをもたらすのです。

では自律的コンプレクスは、どのようにして生まれるのでしょうか。なんらかのきっかけから——ここでそれを仔細に検討しているときりがないのですが——、それまで無意識だった心の中のある領域が活動を始め、賦活された勢いで発達し、親近性のある観念連合を呼び込みつつ大きくなっていきます。ここで使われるエネルギーは、意識がコンプレクスと同化することを望まないとき、当然意識から引き出されます。そうでない場合には、ジャネの言う〈心的水準の低下〉(abaissement de niveau mental) が起こります。意識的な関心や活動の強度が次第に低下していって、そのため——あの芸術家にしばしば見られる——不活発なアパシーか、意識機能の退行的な展開が生じるのです。つまり意識機能が幼児的な原初の段階にまで沈んでいき、一種の退化が生じるわけです。〈機能の劣等部分〉(parties inférieures des fonctions) がしゃしゃり出てきて、倫理に対して衝動が、成熟した思慮あるものに対してナイーヴで幼児的なものが、適応に変わって不適応が、現れてきます。これまた多くの芸術家の生涯に見られるところでしょう。こうした意識的人格の指導を逃れたエネルギーから自律的コンプレクスは生まれてくるのです。

では、創造的な自律的コンプレクスは何から成り立っているのでしょうか。これは完成した作品が、その根底を私たちに覗かせてくれるまでは、差し当たり何もわかりません。作品は私たちに、最も広い意味での、練り上げられたイメージを与えてくれます。このイメージが象徴として認識することができるならば、分析の対象になります。しかし私たちの目に、なんらの象徴的価値も入ってこないとしたら、それはとりもなおさず、少なくとも私たちにとっては、その作品は表向き語っているところのもの以上ではない、言い換えれば、見たところ以上ではないということになるでしょう。ここで〈見たところ〉と言いましたが、それはことによると私たちの側の偏見が、それ以上の予感を阻んでいるかもしれないからです。いずれにせよ、この場合は分析のきっかけも手がかりもありません。しかし初めの場合には、一つの原則のように、ゲルハルト・ハウプトマンの言葉、「詩を作るとは、言葉の背後に根源的な言葉を鳴り響かせることだ」が思い出されることでしょう。心理学の言葉で言えば、私たちの第一の問いは、芸術作品の内に展開してきたイメージは、集合的無意識の内のどの元型的イメージに帰せしめることができるのか、となるでしょう。

この問題は、いくつもの観点から説き明かす必要があります。私は先に言いましたように、ここで象徴的な作品の場合を想定しました。それもその起源が、作者の個人的無意識にあるのではなくて、無意識の神話という、人類の共有財産である元型的イメージを含むあの領域に根ざしている作品の場合なのです。私はそこで、この領域を集合的無意識と名づけ、それによって個人的無意識と区別しました。個人的無意識とは、それ自体は意識に上りうるし、また実際しばしば上ってはくるのですが、意識に適合しないために抑圧され、そこで人為的に意識の閾下に置かれている、あの心的事象および内容の全体を指しています。この領域からもまた、芸術に幾筋もの源流が流れ込んではいますが、しかし濁っていて、それらがたち勝ったときには、作品は象徴的になる代わりに、症候的になってしまうでしょう。この種の芸術は、惜し気なくフロイトの瀉下法に委ねてまず実害がありません。

個人的無意識は、どちらかと言えば表層に近く、意識の識閾の直下にありますが、集合的無意識の方は、普通の条件の下では意識不可能で、どんな分析の技法を用いても再生想起させることができません。抑圧されたわけでもなく、忘れられたのでもないからです。そもそも集合的無意識なるものが、それ自体で存在しているわけではありません。それは一つの可能性、潜勢力にほかならず、太古の時代から記憶像というかたちで、解剖学的に言えば大脳構造の内に、私たちに伝えられてきたポテンシャリティにすぎません。生得的な観念やイメージというものはありません。しかし生得的に一定の観念を生む可能性はあって、それがあるからこそ、どんな大胆な空想にも一定の限界が画されるのです。それは言ってみれば空想活動の範疇、さしずめア・プリオリな観念であって、実際経験なしには存在に至ることができません。それらはただ、形成された素材の内に、その形成を制御規制する原理として現れるのみなのです。ということは、完成した芸術作品から遡って、発現以前の原初的なイメージを再構築することしかできないということになります。

　原初的イメージ、すなわち元型は、それがデーモンの元型であれ、人間あるいは出来事のそれであれ、創造的な空想が自由に活動するところ、繰り返し歴史の流れの中に姿を現します。まず何よりも神話的形姿であるのはそのためです。これらの原像を仔細に調べていくと、人類が先祖代々積み重ねてきた無数の典型的な体験が、いわば定型として整えられたものであることがわかります。それらは同じタイプの無数の体験が、心の中にいわば堆積残留したものなのです。それらは何百万という個人の体験を平均値で表しており、無数の神話的な形態に分裂し投影された、あれこれの心の体験像を示しています。とはいえこれら神話的形姿も、既にそれ自体創造的な空想の労作であって、言葉や概念に翻訳されねばなりませんが、その難しい作業は、やっと端緒に就いたばかりです。大半は未完成のこの概念化が進めば、これら原像の根底にある無意識過程の、抽象的で科学的な知識が得られるでありましょう。一つ一つの原像の中に、人間の心理と運命の一片が封じ込められているのです。はるか何代にも及ぶ祖先たちに何回となく起こり、おしなべて言えば同じような成り行きを辿った苦しみや喜びの一片が含まれているのです。それは心の中に深々とえぐられた河床のようなもので、それまでは不確かに手探りで、広いけれども浅い水面に広がっていた生が、あの、昔から原像の成立に与《あずか》ってきたあれこれの状況の特別な重なり合いにぶつかったとき、突如この河床に導かれて一本の激流に変わるのです。

神話的状況が生じる瞬間には、つねに情動の特殊な激しさがつきものです。私たちの中で、いまだ鳴ったことのない弦が触れられたかのような、あるいは私たちがあるとは思ってもいなかった力が解き放たれたかのような思いをさせられます。日頃、適応の戦いが困難なのは、私たちが絶えず個人的な、ということは型にはまらない、条件や状況を相手にしていかなければならないからです。それだけに、ある典型的な状況に出会ったとき、突如ことさらな解放感を味わって、荘重な気分になったり、あるいはあらがいようのない力に摑まれたように感じたりしたとしても、何の不思議もありません。そんな瞬間、私たちはもはや個々の存在ではなく種であって、全人類の声が私たちの内に高鳴るのです。ですから普段は、個々の人間が持てる力を存分に発揮することなどはまずありえないのに、理想と呼ばれるこれら集合的な観念の一つが力を貸して、普通の意志の力ではその糸口も見つけることのできない、人の内なる本能のあらゆる力を解き放つ場合は別なのです。理想のうちでも最も効力を発揮するものは、多少の差はあれ見え透いた、ある元型のヴァリエーションで、それはそうした理想が好んで寓喩をもって表されることから容易に看て取ることができます。たとえば祖国を母と言うようなものですが、もちろんこの寓喩自体には、人を動かす力などは少しもありません。力は祖国という理念の持つ象徴価値から発しているのです。この元型はすなわち、未開人のいわゆる神秘的融即（participation mystique）で、自分が住み、そしてその祖先たちだけの霊を包む大地との合一であって、異郷は所詮異郷でしかなく、そこではみじめな思いをするばかりなのです。

元型に関わることは、実際の体験であれ、ただ言葉で言われただけであれ、〈感動的〉です。その関係は生きた作用を及ぼします。というのも、私たちに自分のそれよりも強い声を出させるからです。元型とともに語る者は、千の声をもって語り、人を摑み、圧倒し、同時にその語るところのものを、一回限りの移ろいゆくものから永遠《とこしえ》にあるものの域にまで高めます。個人の運命を人類の運命に高め、それによって、これまで人類に、そのときどきのあらゆる危険から脱出し、どんなに長い夜をも耐え忍ぶことを得させてきたあの救いに満ちた力を、私たちの内にも呼び覚ますのです。

これが芸術の効用の秘密です。創造のプロセスとは、少なくとも私たちに辿れる限りでは、元型の無意識の賦活であり、それを発展させ形づくって、完成した作品に仕上げることにほかなりません。原初的なイメージを造形するとは、言ってみれば現在の言葉に翻訳することであり、それによっていわば万人に、さもなくば汲み損ねたであろう生の最も深い源泉の入口が、再び見つけられるようになるのです。ここに芸術の社会的な意義があります。芸術は絶えず時代精神の教育に携わっている、というのも、時代精神に最も欠けた形姿を呼び出すからなのです。現在への不満から、芸術家の憧憬は内に向かい、時代の欠陥と一面性を有効に補償するのにちょうどふさわしい原像を無意識の中に探り当てるのです。この原像を捕え、無意識の深みから引き上げて意識に近づけるとき、原像の方も姿を変えて、現在の人間が把握しやすいように、その理解力に応じた形をとります。だから芸術作品の様式から、それが成立した時代の性格もわかるのです。リアリズムや自然主義とは、その時代にとって何だったのでしょうか。あるいはロマン主義とは、ヘレニズムとは。それらは、そのときどきの時代の雰囲気が最も必要としていたものをもたらすことのできた芸術の、あれこれの方向にほかなりません。時代の教育者としての芸術家――これについては今日議論の尽きないところでしょう。

一人ひとりの人間と同様に、もろもろの民族、時代も、固有の精神的方向や構えを持っています。態度、傾向（Einstellung）という言葉が既に、どんな特定の方向にも必然的につきまとう一面性を語っています。傾向のあるところ、排除が伴います。排除とはしかし、なにがしかの心的要素が、ともに生きることができながら、一般的な構えに合わないばかりに、それが許されないということにほかなりません。正常な人間なら、一般的な方向を受け容れて何の支障もきたしませんが、脇道や回り道を行く人間は、普通の人のように広い大道を歩くことができず、それだけに、大道の傍らにあって、ともに生きることを待ち望んでいるものを最初に発見する者となるのです。芸術家がどちらかと言えば適応不全であるのは、むしろほんとうの利点であって、それでこそ大道を離れて自らの憧憬に従い、ほかの人がそれと気づかずに不足をかこっているものを発見することもできるのです。ちょうど個人が、自分の意識の態度の一面性を無意識の反動によって正しながら自己制御の道を歩んでいるように、芸術は民族や時代の生における精神的な自己制御の過程を演じているのです。

講演という枠の中では、いくつかの見方をご披露するのがやっとで、それも簡単な見取図にすぎないことは承知しています。しかし私は皆さんが、私の言い及ばなかったところ、すなわち具体的な芸術作品への応用を既に考えてくださり、それによって私の抽象的な骨組みに肉づけし、血を通わせてくださったであろうと願っております。

心理学と文学[*1]

前書き

心理学はこれまで、きわめてアカデミックな装いを凝らした裏部屋でひっそりと暮らしてきたが、ニーチェの予言そのままに、この何十年の間に広く一般の興味を惹き始め、大学によってはめられた枠などとっくにぶち破ってしまった。精神技術としては企業や会社に働きかけ、精神療法のかたちでは医療の広い範囲に及び、哲学としてはショーペンハウアーやハルトマン[*2]の遺産を受け継いでいる。バッハオーフェンやカールス[*3]を再発見したのも心理学なら、神話や未開民族の心理に対するまったく新たな興味が生じたのも心理学のおかげである。近くは比較宗教学に革命をもたらすだろうし、魂への配慮への糸口をここに開こうとする神学者も少なくない。「諸学は心理学の侍女[*4]」と言ったニーチェは正しかったと言うべきだろうか。

今日、心理学のこの怒濤の勢いは、もちろんまだ幾筋もの流れのぶつかり合う混沌の内にあって、それだけに声高な立場の宣明やドグマの立て合いのおかげでその不透明さが隠されている。知識や生活のこれらあらゆる領域を、すべて心理学で解明しようというのがまた一面的でありすぎる。しかし一面性と硬直した原理主義とは、パイオニアとしての仕事をいくつかの観念を道具に成し遂げるほかない若い科学につきものの子供の過ちなのである。さまざまの教説が生まれるべくして生まれるのはよくわかるし許せもするが、それでもこれまで私が倦まずに強調してきたように、ほかでもない心理学の領野でこそ、一面性と教条主義は重大な危険を孕んでいる。心理学者はつねに、自説がまず何よりも自分自身の主観に含まれるものの表出であり、したがってそのまま一般に妥当するかのように言い立ててはならないことを銘記しなければならない。心の可能性という広大な領野にあっては、個々の研究者が解明に寄与できるのは差し当たりほんの一つの視点にすぎない。ということは、仮にこの一つの視点をたとえ要望としてでも一般に拘束力を持つ真理とするならば、客観に対して最悪の暴力を振るうことになるだろう。この上なく色彩豊かで、多くの形象と意味に満ちているのが実際心という現象であって、その充溢をたった一つの鏡に映し取ることなどできたものではない。また私たちはその叙述の中でけっして全体を把えることもできはしない。ただそのときどきに現象の総体のうちの、いくつかの部分だけを闡明《せんめい》することで満足するしかないのである。

心の独自性は、ただ人間のあらゆる行為の母であり起源の場であるばかりでなく、あらゆる精神形態や活動に現れるところにあるから、心の本質そのものにどこかで出会うということはありえず、できるのはその多様な現れ方に接してこれを把握することだけである。だから心理学者はあらゆる領域に通じなければならないと感じ、そのためには城壁を巡らせた専門という名の城を棄てる覚悟を迫られるが、それは不遜や好奇心からではなく、認識への愛からであり、真理探究の道を歩めばこそなのである。要するに心理学者が、心を狭い実験室や医師の診察室に閉じ込めておこうとしてもうまくいかないのであって、たとえ自分にとってまるで不案内の領域であっても、そこに心の働きが看て取れる以上は、ありとあらゆる領野にまで跡を追っていかなければならないのだ。

そこで私が、専門は医師でありながらその事実ものかは、今日心理学者として、文学における想像力という、本来文芸学や美学の領域を成すものについてお話しするということとにもなる。それは一方において、詩人の想像力は心的現象でもあって、そういうものとして心理学者の考察の対象となって当然であろう。といって私は、文学史家や美学者に先駆けようとするのではない。それらの異なる観点を心理学の観点で置き換えようなどとは思ってもいない。そんなことをすれば、ついさっき私の非難した一面性の罪を自ら犯すことになるだろう。また思い上がって、文学における芸術創造の完璧な理論を示そうというのでもない。そんなことは端《はな》から不可能である。私の話は結局、文学という現象の心理学的考察が、一般に採りうるいくつかの観点に終始するばかりである。

序

心理学が心の科学であるからには、文芸学と無縁でないことは言うまでもない。心こそあらゆる科学ばかりでなく、すべての芸術作品の母胎であり器である。したがって心の科学としての心理学は、一方で芸術作品の心理的構造を明らかにするとともに、他方、芸術における創造的人間の心理条件をも解明することができなくてはならないだろう。この二つの課題は根本から違う性質のものである。

前者の場合、問題は複雑に入り組んだ心の働きによって「意図的」に形成された産物であるのに対して、後者の場合はその働きをなす心そのものが問題になる。前者において心理学の分析と解釈の対象になるのは、具体的な芸術作品であり、後者にあっては、一回限りのある人物というかたちで現れた創造的人間である。もとよりこの二つの対象は互いに密接に関連し、緊密な相互作用を及ぼし合っているが、どちらか一方から他方を説明するというわけにはいかない。一方から他方を帰納的に導き出すことは、もちろんできないことはないけれど、そうして得られた帰結に何の必然性があるわけでもない。そうしたものはせいぜいのところ蓋然性にすぎず、調子のよい思いつきの域を出ない。ゲーテにあって、母親に対する特別の関係が、なんらかの意味をもっていたことは、ファウストの「母たち、母たち！　何という奇妙な響きだ！」という叫びを聞けばわかる。しかしその母親への結びつきが、どういう風にしてほかでもなくこの『ファウスト』という作品を生ませるに至ったのかは、見極めることができない。われわれはただ、ゲーテという人間にあって、母親との関係というものがただならぬ役割を果たしていたに違いない、『ファウスト』にはまぎれもなくその痕跡がしるされていると、心の奥底で感じ取るばかりである。同様に今度は逆に『ニーベルングの指輪』という作品から、ヴァーグナーの女装趣味を察したりむりやり導き出したりしようとしてもできるものではない。この場合もやはりただ、ニーベルング族のヒロイズムから病的な女性性に通じる道がヴァーグナーという人間の中にあると言えるだけである。作者の個人的心理は、確かに作品について教えるところが少なくないが、作品そのものを説明しはしない。もし説明するとするならば、しかもそれがうまくいくほど、作者の創造性は見かけであって、実は単なる症候にすぎないということになってしまうだろう。そんなものは作品の長所にも名誉にもなりはしない。

心理学は、科学のなかでも最も若い科学であって、現在の段階ではまだ、本来科学として果たすべき厳密な因果関係をその領域でうち立てるということができないのである。心理学が確実な因果関係を指摘できるのは、本能とか反射とかいう、他の科学に接する領域においてにすぎない。心という独自の生命が始まるところ、すなわちコンプレクスが対象となると、ただ生起することがらを詳しく叙述して、ときに奇妙でほとんど超人的なほど入り組んだ組織を描き出すことで満足するほかないのである。そこでは、たとえたった一つの事象といえども「必然的」なものであるとすることは諦めなければならない。もしそうでなかったら、心理学が芸術作品や芸術創造の確かな因果関係を示すことができるならば、芸術に関するあらゆる学問は、その拠って立つ場を失って、心理学に従属する特殊専門分野にすぎなくなってしまうだろう。もちろん心理学はおのれを諦めることなく、複合した心的事象の因果関係をあくまでも探究し発見することに努めなければならない。ただその求めるところがけっして満たされないのは、芸術においてまさに歴然と現れる非合理的な創造というものが、あらゆる合理的な解釈の試みを最後のところで嗤《わら》うからである。意識の閾内での心理のプロセスなら、すべて因果的に説明することもできるだろう。しかし創造性というものは深く見通しの効かない無意識の内に根を下ろしていて、人知をもってしては未来永劫届くことがない。その形として現れたところを記述することはできよう。漠然と感じ取ることもできよう。しかし、これを把握することはできないだろう。芸術学と心理学は互いに示唆を与え合いながら、しかも一方の原理が他方の原理を凌駕することはないだろう。心理学の原理は、与えられた心的素材をあれこれの前提から因果関係によって導き出せるものとして把えようとする。一方、芸術学の原理は、芸術作品であれ芸術家であれ、心的なものを端的にそこにあるものとして見る。両者は相対的でしかないがともに有効である。

1——作品

心理学が文学作品を見る見方は、その独自な立場によって文芸学の見方とはまったく異なる。文芸学にとっては決定的な価値や事実となることが、心理学にとってはどうでもよい場合が少なくない。文学的にはまるで価値のない作品でも、心理学にとってはとりわけ興味深いということもしばしばである。たとえば、いわゆる心理小説なるものは、文芸学がそれに期待するほどのものを心理学には少しも与えてくれない。この種の小説は、それ自体で自足し完結していて説明の余地がない。いわばそれ自体が一個の心理学であって、心理学者にとっては、せいぜい補足したり批評を加えたりする以上にやることがない。しかしそれでは、いかにしてその作者がほかでもなくこの作品を書くに至ったのかという、何より肝腎の問題に答えたことにならないのである。この問題については、本論文の2——

詩人で論ずることにしよう。

反対に心理的でない小説の方は、心理学者にとって格好の材料となるのが普通である。作者が心理的な狙いを持っていないために、作中人物が特定の心理に染められておらず、そのおかげで分析や解釈の余地があるというばかりでなく、その先入見なき叙述のおかげで、いっそう都合がよいのである。その好い例がブノワの小説やライダー・ハガード流のイギリス空想小説で、これはコナン・ドイルを経て最も人気のある大衆文学、すなわち探偵小説に発展している。アメリカ最大の小説、メルヴィルの『白鯨』もこれに数えてよい。心理的な意図など初めから狙っていない、事実だけの緊迫した叙述が、まさに心理学者にとって最も興味あるところなのである。物語全体の背後に言表されない心理的な背景があって、作者がそうした心理的な前提を意識していなければいないほど、純粋で混じり気のない姿でそれを観察することができるからである。これに対して心理小説では、著者自らがその作品の素材となる心の動きを、そのあるがままの形から、心理学的な考察と解明の領域に持ち込んでしまっている。そのため心的な背景はすっかり塗りつぶされて、ほとんど見透すことができない。人はこうした作品にこそまさに〈心理〉があると思いがちだが、実は初めの種類の小説こそ心理学にとってはもっと深い意味を持っているのである。

いま小説について述べたことは、小説という文芸作品の一ジャンルをはるかに越えて当てはまる心理学の原理である。詩においても同じことが言えるし、また『ファウスト』の第一部と第二部はこの原理によって区別される。第一部の恋愛悲劇は説明の要がないが、第二部は解釈の作業を必要とする。第一部は、作者自身が十全に言い尽くしていて、心理学者が喙《くちばし》を容れる余地がない。それに対して第二部という、きわめて異様な現象に満ちた作品は、作者の造形力を食い尽くし、乗り越えているため、もはや自明のところなどまるでなく、一行一行読み進むにつれて、読者は解釈の必要に迫られずにはいないほどである。『ファウスト』はおそらく、心理学から見た文芸作品の両極端を最もよく表している作品と言えるだろう。

これら二種の創作を区別するために、一方を心理的と呼び、他方を幻視的と呼ぶことにする。心理的な作品は、人間の意識の届く範囲で生起するものを素材としている。たとえば生活体験や衝撃、情熱や人間の運命等、いずれも意識に既になじみのもの、ないしは少なくとも感得できるものばかりである。こうした素材が詩人の心に取り入れられると、日常の次元から詩人の体験に高められ、実感の籠った表現力にかかって、ごくありふれた事柄や、わずらわしいいやなことや、いやなばかりに看過ごされたり避けられたりしていたことが、読者の意識の前面に突きつけられ、読者は眼から鱗《うろこ》が落ちたようにも思い、人間性が豊かになったようにも思うのである。こうした創造の原材料は人間の領分から、その永劫変わらぬ喜びと苦しみの世界から発している。それは詩人の造形力によって解明され照明された人間の意識内容にほかならない。詩人は心理学者のなしうるほどのことはすべて先んじてやってしまっている。ファウストがなぜグレートヒェンに惚れ込んだのか、心理学者が説明する必要があるだろうか。グレートヒェンの子殺しにしても同様ではないか。それらは何千回何万回と繰り返されてきた人間の宿命であって、法廷や刑法典を覗いてみれば、もはやうんざりするほど代わりばえのない事件にすぎない。すべてはおのずから残る隈なく明らかであり、不可解なところは一つもない。

この系列に入る文学作品は数えきれないほどある。恋愛小説、環境小説、家庭小説、犯罪小説、社会小説、それに教訓詩や抒情詩の大部分、悲劇や喜劇などジャンルもさまざまだが、その芸術上の形式いかんにかかわらず、これら心理的芸術作品の内容は、おしなべて人間経験の領域から、強烈な体験という心の前景から出てきている。そこで私はこの種の創作活動を「心理的」と名づけるわけだが、それはつねに心理として理解し把握できる埒内で営まれているからである。体験から創作に至る一連の過程で本質的なことはすべて見通しの効く心理の範囲を出ていない。元になる体験という心的な素材にすらも、少しもなじみのないところはなく、それどころか、初めからわかりきっているもの、すなわち情熱とその運命だとか、運命とそれの甘受だとか、永遠なる自然とその美しさ、その恐ろしさだとかなのである。

『ファウスト』第一部と第二部の間に見られる深い断絶もまた、心理的な創作活動と幻視的なそれとの違いを示している。幻視的な作品ではすべてが逆になっている。創造の内容を成す素材あるいは体験は、既知のものではなく、まったく別の世界からやって来たもの、心の背景に属するものであって、あたかも人類以前の太古の深みから、あるいは人間の手の届かぬ光と闇の世界から発しているかのような相を呈している。それは人間の力と理解力ではとても把えられず、圧倒されてしまうような原体験なのである。この体験の価値も重みも、その言語を絶した性質にある。それは永遠の深みから、よそよそしく冷たく現れるかと思えば、おごそかに重々しく立ち昇ってくる。あるときは異光を放つデモーニッシュでグロテスクなもの、人間の価値や美の秩序をみじんに砕く、永遠のカオスの恐怖を駆り立てるような攪乱であり、ニーチェとともに言えば「人間の尊厳を冒す罪」である。またあるときは啓示である。その啓示の高さも深さも人間にはとても窺い知ることができない。さらにあるときは、言葉をもってはいかにしても表すことのできない美でもある。こうした錯雑たる外観を呈する圧倒的な出来事は、人間の感情や理解の範囲をあらゆる面で越えているから、それに誘発されての芸術創造は、前景体験による創作とは別のものにならざるをえない。前景体験は、宇宙の垂れ幕を引き裂いたりはしない。人間の能力の限界をぶち破ったりしない。だからこそ、一個人にとってはこの上なく強烈な衝撃であっても、人間的な芸術創造の形式にうまく収まるのである。しかし背景から来る体験は、宇宙の描かれている垂れ幕を下から上まで真っ二つに裂き、その奥に未成の名づけがたい深淵を人に覗かせる。それは別の世界であろうか。それとも精神の瞑眩であろうか。あるいは人間の魂の未生以前の姿であろうか。あるいはいまだ誕生していない未来の種族の姿だろうか。この問いに対して、われわれは否定も肯定もするすべを知らない。

形を造っては壊し、壊してはまた造る、
永遠の意味の永遠のお慰みでさァ。

（『ファウスト　第二部』六二八七―八行）

幻像は『ポイマンドレス』[*5]に、『ヘルマスの牧者』[*6]に、ダンテに、『ファウスト　第二部』に、ニーチェのディオニュソス体験[*7]に、ヴァーグナーの作品（『ニーベルングの指輪』、『トリスタン』、『パルツィファル』）に、シュピッテラー[*8]の『オリンピアの春』に、ウィリアム・ブレイクの詩や絵画に、修道士フランチェスコ・コロンナの『ポリフィロの愛の夢』[*9]に、ヤーコプ・ベーメの哲学的・詩的断章[*10]に、そしてE・T・A・ホフマンの半ばふざけた、半ば壮大な『黄金の壺』[*11]のイメージに見ることができる。これらほど壮大ではなく、もっと簡素なかたちではあるが、たとえば『洞窟の女王』を代表作とするライダー・ハガード[*12]にも、ブノワ（主として『アトランティード』）にも、クービン（『反対側』）にも、マイリンク（主として『緑の顔』[*13]、これを過小評価してはならない）にも、ゲーツ（『領土なき王国』[*14]）にも、バルラハ（『死せる日』[*15]）その他にも、この体験を実質的な内容とした作品が認められる。

心理的な芸術作品の題材については、その本質は何かとか、何を意味しているかとか、改めて問う必要がない。しかし幻視の体験の場合には、いやおうなしにこうした疑問が起こってくる。注釈や解説がほしくなる。驚いたり、いぶかしがったり、とまどったり、疑ったり、さらには嫌悪を催したりすることさえある。[*16] そこには日常の昼の世界のおもかげはなく、心の暗黒の夢と恐怖と不吉な予感ばかりが息づいている。多数者たる大衆は、よほど感受性の鈍い者でない限り、こうした題材を拒否するのが普通だし、文学の専門家ですら目に見えて困惑することがまれではない。ダンテやヴァーグナーは、まだしもやや与《くみ》しやすいかもしれない。ダンテでは歴史上の事件が、ヴァーグナーでは神話や伝承が、衣装として原体験にまとわされており、そちらの方が「題材」だと思われかねないからである。しかしながら、彼らにおけるダイナミズムや深い意味は、けっして歴史や神話の素材にあるのではなく、その中に表現されている幻視体験にある。ライダー・ハガードにしてさえ同様で、一般に「空想小説」作家と思われているのは無理もないが、その「作り話」は、ときにいささか枝葉を繁らせすぎているきらいがあっても、ある意味のある、類を絶した内容を把握し表現するための方便なのである。

心理的創作の素材とは際立った対照を成して、奇妙なことに幻視的素材の場合には、その源が深い闇に覆われて定かでない。それも往々にして、著者の意図なしにそうなっているとは信じがたいほどに、闇に覆われているのである。だから人は、このある面ではわざとらしい、そのくせ何かありそうな闇の彼方に、個人的な体験でも隠されているのではないかと、——今日では特にフロイトの心理学の影響もあって——思いかねないのも無理からぬことである。カオスの異様な幻視というのも、この体験から説明できるものではないのか、ときに著者自身がわざとその体験を覆い隠しているかのように見えたのも、そうだとすれば合点がいくではないか、というわけである。こうした考え方から、これは要するに病的なノイローゼの産物にすぎないという憶測までは、ほんの一歩しかない。しかも幻視的な素材には、精神病者の幻想に見られるような特徴があるものだから、こう考えられるようになるのも、あながち根拠がないわけではない。しかも反対に、精神病者の産物に、しばしば天才にしか見られないような、深い意味が宿っていることさえある。したがって、すべてを病理学の観点から眺め、原体験の作り出す異様な形象を、補償形態であり隠蔽の試みであると思いたくなるのは当然なのである。人は私が「原像の幻視」と呼ぶところのものに、実はそれに先立つある個人的な密かな体験があるに違いないと思いたがる。なんらかの道徳的なカテゴリーと「相容れない」、つまり両立しない性質の体験を想定する。問題の出来事とは、たとえば恋愛体験である。それが道徳的にも美的にもその詩人の全人格と、あるいは少なくとも意識の虚構と相容れない性格のものであって、そのため詩人の自我はこの体験の全体を、あるいはその本質をなす部分を抑圧し見えなく(「無意識に」)しようとする。この目的のために、病理学的なありとあらゆる幻想が総動員されるが、もともと補償の企てであるから、十分の満足のいくはずがなく、ほとんど際限もなく次々に造形が行われることになる。かくするうちにやがて、あのデモーニッシュでグロテスクな、倒錯的で言語道断な形象が、あの「受け容れがたい」体験の補償として、さらにそれを覆い隠すために、鬱蒼たる繁茂を見せるに至ると、このように仮定するわけである。

芸術的人間に関するこのような心理学の擡頭は、少なからずセンセーションをまき起こした。実際それは幻視的素材の由来を、ひいてはこの独特な芸術作品の心理を「科学的」に解明しようとする試みとしては、これまでのところ唯一のものなのである。私はこれとは違った独自の立場を採るが、それは今ここにざっと述べたものよりも一般によく知られていないだろうし、理解されてもいないと思う。

幻視の体験をある個人的な経験に帰着させると、それは本来のものではなく、単なる「補償」にすぎないということになる。幻視の内容はその「本来の性質」を失って、「原像の幻視」は症候にすぎなくなり、カオスは心の障害に堕してしまう。この説明は結局秩序正しい宇宙の埒内に落ち着くことになるが、その宇宙が完全なものだなどとは、経験上理性は考えない。その避けがたい不完全さがさまざまな異常や病であって、それは当然人間性にもつきまとっている。人界の彼方にある戦慄すべき深淵を覗いたと見たのは、実は幻覚であって、詩人は自ら錯覚しつつ人を錯覚させる者ということになる。彼の原体験とは、彼自身、正面から対決することができなかったばかりか、自分に対してさえ隠蔽しなくてはならないほどの、「人間的な、あまりに人間的な」ものだったというわけである。

こうして、個人の病歴への還元がおのずから行き着くところをしっかり見据えておいたほうがよい。さもないと、こうした解釈の途がどこを目指しているのかわからなくなってしまう。つまりそれは、芸術作品の心理学からはるかに離れて、詩人の個人的な心理学へ至る道なのである。後者の存在は否定できない。しかし前者も同様に存在しているのであって、それを個人的な「コンプレクス」にすり換えるという「手品」で、簡単に片づけられるものではない。芸術作品が詩人にとってどう役立っているのか、それはまやかしなのか、隠蔽なのか、悩みなのか、行為なのか、それはここでは問題としない。当面の課題はむしろ、芸術作品そのものを心理学的に解明することであり、そのためにはその作品の基盤を成している原体験というものを、まともに取り上げることが必要なのである。それはちょうど心理的芸術作品の場合に、その作品の根底にある素材の現実性や真率さが誰にも疑えないのと、事情は少しも変わらない。もちろんこちらの方は、まず信じることが必要で、それがはなはだむずかしい。なにしろこの幻視の原体験なるものは、どう見ても日常の経験世界ではけっして出会うことがないようなものとしか思えないのである。悪いことに、何やら曖昧な形而上学を思わせるところさえあって、理性は親切心から思わず口を差し挟まずにはいられなくなる。そして、このようなものはとてもまともには扱えない。さもなければ世界は再び迷信の闇に戻るであろうと、結論を下すのは目に見えている。「オカルト」な素質でもない人はそこで、幻視の体験というと、「豊かな空想」とか、「詩人らしい気まぐれ」とか「詩人の証明」とかのことだと思ってしまう。この傾向に手を貸す詩人もいて、たとえばシュピッテラーのように、『オリンピアの春』と言う代わりに『春が来た』と歌ったとしても同じことだったなどと説明することで、作品と自分との間に安全な距離を置こうとしたりする。[*17] 詩人とて人間である。だから、彼が自分の作品について言うことが、その作品について言いうる最も正しい言などではない場合も、大いにありうる。そうなると、何のことはない、原体験の真摯さを、当の詩人の個人的な抵抗に対してわれわれが弁護しなくてはならないことになる。

『ヘルマスの牧者』や『神曲』や『ファウスト』では、初めに恋愛体験があって、その余韻と共鳴が全体を貫き、幻視の体験が作品の完成と盛り上がりを支えている。われわれはたとえば、『ファウスト』第一部の正常な体験が、第二部に至って否定されているとか、覆い隠されているとか考えることはとてもできない。同様に、第一部の筆を起こしたころのゲーテは正常であったが、第二部のときにはノイローゼだったなどとも考えられるわけがない。

ヘルマスからダンテを経てゲーテに至る、ほとんど二千年紀にまたがる一連の作品にあっては例外なく、恋愛という個人的体験が、幻視というそれ以上の体験に明からさまに付随しているばかりか、従属してさえいることにわれわれは気づく。このことは、(詩人の個人的心理とは別に) 芸術作品の内では、幻視の方が人間臭い情熱よりもいっそう深く強烈な体験であることを示す、重要な証拠と言わねばならない。こと芸術作品 (詩人個人とはまったく別物としての) に関する限り、幻視が真正の原体験であることは、理窟屋がどう言おうと、疑いえない。それは派生的なものでも、二次的なものでも、症候的なものでもなく、真の象徴である、すなわち未知の存在に関する一つの表現なのである。恋愛体験と同様に、幻視もまたある現実の事実の体験にほかならない。その内容が形而下のものなのか、心的な形而上的性質のものなのかは、われわれに知る由もない。それは心の現実であって、心の現実といえども揺るがしがたいものである点において、物質的現実にいささかも劣るものではない。人間的な情熱の体験は意識の枠内にあるが、幻視の対象はその彼方にある。感情においては、われわれは既知のものを感ずるだけだが、予感は人を未知のものへ、隠されたものへ、本来秘められているものへ導く。それらはいったん意識されるや、ことさらに隠され、覆われたものになってしまい、そこで太古以来、神秘や不気味さや錯覚がつきまとうことになるのである。それは人の眼には隠されており、人はそれを前にして、神への畏れを抱きつつ、科学と理性の傘の陰に隠れる。この宇宙こそは人間の昼の信仰であり、カオスの夜の恐怖から人を守ってくれ、夜の信仰への恐怖から啓蒙してくれなくてはならない。人間の昼の世界の彼岸に、他に力を及ぼすようなものが生動しているとでも言うのだろうか。必然的なものや、危険な不可避のものがあるというのか。エレクトロンではないもっと意図的なものがあるというのだろうか。われわれが自分の魂を所有し支配していると思っているのは単なる妄想で、科学が「心」と呼び、頭蓋骨の中に封じ込められた疑問符と心得ているものが実は、非人間界から密かに働く未知のものがときおり入ってくるための開かれた戸口だとでも言うのだろうか。そしてそれが夜の翼に乗って、人間に人間の分際を忘れさせ、人間業とも思えぬ苦役や宿命に人を導くというのだろうか。そういえば、恋愛体験さえも、ときにはその未知のものを呼び出すだけの働きしかしていないように思える。つまり恋愛体験はある特定の目的のために無意識のうちに「アレンジ」されたにすぎず、その人間臭い個人的な側面などは、ただ一つ本質的な「神曲」のための序曲にすぎないと見た方がよいくらいなのである。

この種の芸術作品だけが、夜の領分から発する唯一のものであるわけではない。それと並んで透視者や予言者がいる。アウグスティヌスはいみじくも次のように言っている。「そして心に思いめぐらし、語り合い、驚嘆しながら、御業《みわざ》をなおも昇り続けて、ついに自分自身の精神に到達し、それをも超えて、あの『汲み尽くしえない豊かな地』に至ろうとしました。その地においてあなたはイスラエルを、真理の秣《まぐさ》もて永遠に養いたもう……」[*18]（『告白』第九巻第一〇章、山田晶訳、中央公論社版による）。さらにこの領分に帰属する者に、時代の相貌を翳らせる犯罪者や破壊者がおり、火に近づきすぎる狂人がいる……「われらのうちたれか焼きつくす火に止まることを得んや、われらのうち誰かとこしへに焼くなかに止まるをえんや」（「イザヤ書」三三：一四）。つまり「神はその亡ぼさんとする人を先づ狂はしむ」（ソポクレス『アンティゴネ』）と言われる所以である。

この領域はまた、いかに暗く意識されずにいようと、けっしてそれ自体未知のものではなく、実ははるか以前からあまねく知られているものなのである。未開人にとっては、その世界像の一部を成す自明なものであって、われわれだけが、迷信を恐れ形而上学を忌避するあまり、閉め出してしまっているにすぎない。そしてわれわれは、見た目に確かで扱い易い意識の世界を築き上げた。そこでは自然法則が、あたかも秩序正しい国家における法律のように、効力を発揮して疑われることがない。しかし詩人は、ときに夜の世界に属するさまざまな姿を見る。霊魂やデーモンや神々を、人間の宿命と人間を超えた見えざる意図との結びつきを、そしてプレローマ[*19]のうちに生起する把えがたいさまざまのものを見る。未開人にとって驚愕であると同時に希望でもある、あの心の世界をかいま見る。われわれの、近代になって形成された迷信への嫌忌とか、これまた近代のものである唯物論的啓蒙とかが、実は未開人における魔術や霊魂への畏怖の一変成種であり、その延長発展したものではないか、これを調べてみるのもおもしろいかもしれない。いずれにせよ、いわゆる深層心理学の魅惑と、それに対するこれまた強烈な反撥も、この章のテーマにおのずから含まれているわけである。

既に人類社会のそもそもの誕生の時代に、この予感された不可解なものを呪祓し、あるいは懐柔する様式を発見しようとした痕跡が見られる。石器時代のローデシアのごく初期の岩壁画にも、動物の写実的な画と並んで、一つの抽象的なしるしが描かれている。それは円の中に八本の輻《や》が放射状に交叉する図であるが、この図は、この形のままでいわばあらゆる文化圏を転々としている。そしてわれわれは今日それを、キリスト教会のみか、たとえばチベットの僧院にも見ることができる。このいわゆる太陽の輪は、いまだ車輪というもののない時代あるいは文明から発しているのであって、それが一部外界の事物に基づいているにせよ、他面においてはそれは象徴、すなわち内部の体験であって、それをちょうどあの有名な犀とダニ食い鳥の絵と同じように、写実的に再現したものと考えられるのである。

未開の文化は、例外なく、ときには驚くほど発達した秘儀や英知の体系をもっているが、それは一面では人間の昼の世界とその記憶の彼方にある暗黒の事物に関する教えであり、他面では人間の行為を律すべき知恵の伝承なのである。[*20] 男子集団やトーテム・クランがこの知識を保持し、男子の成人儀礼の際に伝授する。古代人は同じことを、古代宗教の秘儀伝授において行っていた。彼らの持つ豊かな神話は、そうした体験の最初期の段階の遺物にほかならない。

こうしてみると、詩人がその体験にふさわしい表現を再び神話の諸形象に求めたとしても、それはきわめて筋の通ったことなのである。こうした作品を、詩人が伝承された素材を元にして創作していると考えることほど、はなはだしい誤りはないだろう。彼はむしろ原体験から直接創るのであって、その原体験の模糊たる性質が、おのれを表現するのに神話的な形姿を必要とするため、やむにやまれずして、その同類を呼び出しているのである。原体験そのものは言葉も画も持っていない。それは「暗い鏡」に映った一つの幻視である。それは表現できるかもしれないという、きわめて強い予感にすぎない。それは、触れるものは何でも巻きこみ、宙天高く吸い上げることによって初めておのれの存在を目に見えるものにする龍巻きにも似ている。しかしながらその表現は、けっして幻視体験そのものの豊饒に及ばないし、その無窮性を汲み尽くせるわけがないから、詩人はたとえ近似的にでもその予感したところを再現するために、しばしばほとんど常識を絶する材料を必要とする。しかも、幻視の不気味なパラドクスを現そうとするならば、人に逆らう矛盾に満ちた表現もなしにはすませない。

ダンテは自分の体験を地獄、煉獄、天国の三界にまたがるあらゆる絵図に託した。ゲーテはブロッケン山やギリシアの冥界を、ヴァーグナーは北欧神話のすべてとパルツィファル伝説を必要とし、ニーチェは宗教的な文体とディテュランボスと古代の伝説的な予言者を復活させ、ブレイクはインドの幻想や、聖書や黙示録のイメージを用いた。シュピッテラーはその豊饒な詩想から湧き出る無数の新しい形姿のために、いたるところから名前を借りてきた。こうして崇高にして把えがたいものから倒錯的でグロテスクなものに至るまで、あらゆる階層のものが動員されることになる。

この多彩な現象の本質に関して、心理学が提供できるのは主として術語と比較材料である。幻視の内に現れるのは、集合的無意識の、すなわち意識の母胎であり前段階である心の、本然にして生得の構造の姿なのである。系統発生論の根本法則によれば、心の構造も解剖学的構造とまったく同様に、連綿たる祖型のしるしを帯びているはずである。このことは無意識の場合にも事実当てはまる。たとえば夢や精神障害といったような意識の消滅状態にあっては、プリミティヴな魂の状態のあらゆるしるしを帯びた心の所産ないし内容が、表面に浮かび上がってくる。それも形が似ているというばかりでなく、意味内容から言っても、ときにはまるで古代の秘教の断片そのものかと思われるような場合さえある。

その際浮かんでくる神話的モティーフは無数にあるが、ただいずれも現代風のイメージに身を包んでいる。たとえばゼウスの鷲やロック鳥の代わりに、飛行機であったりする。

龍の戦いは鉄道の衝突に、龍を打ち倒す英雄は劇場の舞台に立つ名テノールに、地母神は太っちょの八百屋のおばさんに、ペルセポネを掠奪するハデスは危険な運転手になるというぐあいである。大事なことは、そして文芸学にとってとりわけ注目すべきなのは、集合的無意識は、意識状態に対して補償的性格をもって立ち現れるという点である。つまりそれによって、意識の一面的で適応に欠けた、それどころか危険でさえある状態が平衡を取り戻すことになるわけである。この機能はしかも、ノイローゼの症候例や精神病者の妄想観念にも見られる。たとえば、不安に駆られて周りの世界を拒否し、自分の殻に閉じ籠っている人が、突然、誰かが自分の一番大事な秘密を知って、それをしゃべっていると考え出したりするのがそれである。もちろんどんな場合でも補償がこれほどはっきりしているわけではない。ノイローゼに見られる補償ですら、もっと曖昧な場合があるし、夢、それも特に自分の夢に現れる補償は、素人にはもとより、経験を積んだ者にも初めのうちはまったくわからないものである。もちろんいったんわかってみれば、ばかばかしいほど単純なこともないわけではない。しかし最も単純なものほど、人も知るごとく、しばしば最も難解なものなのである。これについては文学作品について見ていただかねばならない。

そこでたとえば、『ファウスト』のような作品が、ゲーテの意識状態に対する個人的な補償ではないかという仮定は、ひとまず措くとすると、今度は、このような作品が時代の意識に対してどのような関係にあるのか、この関係をやはり補償という観点から見ることはできないだろうか、という疑問が立ち現れてくる。人類の魂から汲み出される偉大な文学は、個人的なものに還元して解釈しようとすると、私の見る限り、完全に的外れになりかねない。なぜなら、集合的無意識が体験の中へ押し入ってきて時代の意識と結びつくとき、そこには必ず全時代に関わるような創造活動が行われている。そしてそのとき作品は、深い意味において同時代の人びとへのメッセージなのである。だからこそ『ファウスト』は、すべてのドイツ人の魂に潜む何ものかに触れているのであり（すでにヤーコプ・ブルクハルトが指摘したように）[*21]、ダンテの名声は不朽であり、『ヘルマスの牧者』はほとんど正典扱いにされているのであろう。どんな時代にもそれなりの一面性があり、偏見があり、魂の苦しみがある。一つの時代というものは個人の魂と変わらない。その意識状態は、やはりそれぞれに独自の制約を受けているのであって、そのために補償を必要とするのである。そしてこの補償は、またしても集合的無意識によって行われる。すなわちここに一人の詩人あるいは予見者が現れて、時代状況の語られざる側面に力を藉《か》して語らしめ、人びとの胸中にわだかまっていた理解されざる欲求が待ちかねていたまさにそのことを、イメージや行為の内に引き出してみせるのである。それが善いか悪いか、時代を救済するか破滅に導くか、一切関係なしにである。

自らの時代について語ることは危機である。今日危機にさらされているものがあまりにも大きすぎるからである。*22 そこでいくらかの暗示だけに留めておきたい。フランチェスコ・コロンナの作品は、(文学的な) 夢のかたちを借りた愛の神格化である。それは実は情熱の物語ではなく、女性的なものの主観的なイメージであるアニマへの関係を描いたものであって、作中ポリアという女はアニマの人格化にほかならない。さてここでアニマへの関係は異教的で古代的なかたちで演じられているが、これは著者が、わかっている限りのことから推して、修道士であることを思えば、それだけ注目に値すると言えよう。彼の作品は当時のキリスト教的中世の意識に対して、墓場であると同時に生み育てる母でもある冥府《ハデス》から、より古く、かつより新しいもう一つの世界を導き出しているのである。それをもっと高次の段階で示したのがゲーテで、グレートヒェン—ヘレナ—聖母—永遠に女性的なるものというモティーフを、あの『ファウスト』という綾どり鮮やかな織物に一筋の赤い糸として織り込んだのであった。ニーチェは神は死んだと告げ知らせ、シュピッテラーは神々の栄枯盛衰を四季の神話に仕立て上げた。これらの詩人たちは千人万人の声をもって、時代の意識の転換を先触れしつつ語っているのである。『ポリフィロの愛の夢』は——リンダ・フィーアツが次のように言っている——「ルネサンスから近代の端緒を生むという、当時の人びとには理解も見通しも叶わぬままに成し遂げられた、なまなましい生成のプロセスの象徴なのである」。すでにコロンナの時代には、一方で教会分裂による教会の弱体化が始まっており、他方では大航海と科学的発見の時代が花開こうとしていた。一つの時代が没落し、新たなアイオン（時代）が幕を開けた。それがポリアという内部に対立を孕んだ矛盾に満ちた姿に、ということは作者である修道士フランチェスコの近代人としての魂に先取りされているのである。三百年に及ぶ教会分裂と科学による世界発見の時代を経てのち、ゲーテは神の玉座を脅かすまでに成長を遂げたファウスト的人間を描き、その非人間性を感じ取って、それを永遠に女性的なるもの、母なる英知ソフィアと結びつけようと試みた。ソフィアは、ポリアというニンフから異教的な残酷さを消し去った、アニマの最も高次の姿にほかならない。この補償の試みには持続的な効力がなかった。だからニーチェは今度は超人を考え出さねばならなかったし、その超人もまた、おのれの破滅を招かざるをえなかったのである。シュピッテラーの『プロメテウス』[*23]については、読者自ら現代のドラマと対比していただきたい。そうすれば私の言う、偉大な芸術作品における予言的な意味というものがわかっていただけるだろう。[*24]

2——詩人

創造の秘密は、自由意志の謎と同様、超越的な問題であって、心理学はただ記述することができるばかりで、解くことはできない。同じように創造的人間も一つの謎であって、これをあらゆる角度から解こうと試みても、いずれ失敗に終わるほかない。それでも現代の心理学は、折にふれて芸術家とその作品の問題に取り組んできた。フロイトは芸術家の個人的な生活体験にその作品を解き明かす鍵があると信じたが、ここから今日に至る多くの可能性が開けた。[*25] 芸術作品といえども、たとえばノイローゼのように、あれこれの「コンプレクス」から説明しようとしてできないはずがないではないか……。確かに、ノイローゼにはつねに一定の精神的病因がある、つまり現実のものであれ想像上のものであれ、なんらかの情緒的原因や幼児期体験から発しているということこそ、フロイトの偉大な発見だった。フロイトの弟子たちのある者、特にランクやシュテーケルも、同じような問題の立て方をして同じような結論を得た。確かに作家の個人的な心理が、ときにはその作品の根の先から枝の先にまで探り出せることは否定できない。もちろん詩人の個人的な側面が、さまざまな点で素材の選択や形成に影響するという考え方そのものは別に新しくないが、この影響がどこまで及び、どのような類比や関連の仕方をして現れるか、それをはっきり示したのは確かにフロイト派の功績であった。

ノイローゼは、フロイトによれば補償充足である。つまり本来のものではなく、誤りであり、言い逃れであり、弁解であり、目を逸らすことであり、要するに本質的に否定的な、なければないに越したことのないものなのである。ノイローゼをあえて弁護する人もないだろう。ノイローゼは見たところ無意味で、それだけに腹立たしい障害以外の何ものでもないからである。芸術作品もまた、見たところノイローゼと同様に分析してその作者の個人的な抑圧に還元できそうなため、ノイローゼの同類であるかのように思われてしまう。しかしそれは、フロイトの方法が、宗教であれ科学であれその他何であれ、みんな同じようなやり方で扱うからで、その限りでは芸術作品も例外ではありえない。これが単に一つのものの見方であって、要するに個人的なさまざまの制約を剔抉《てつけつ》するという、ただそれだけのことだというのならば、制約を受けていない人間などいない以上、これに異議を唱える余地はもちろんない。しかしもし、この分析によって芸術作品の本質そのものが解明できると主張するのならば、これは真っ向から反対しないわけにはいかなくなる。芸術作品の本質は、けっしてそれが負っている個人的な特質にあるのではない。——むしろ個人的特質につきまとわれていればいるほど、芸術ではなくなってくる——そうではなく、個人をはるかに超出して、人類全体の精神と魂から、人類全体の精神と魂になり代わって語るところに芸術本来の面目はある。個人的なものは芸術にとっては制約であり重荷でしかない。単にあるいはもっぱら個人的でしかないような「芸術」なら、ノイローゼなみに扱われて当然である。フロイト派は、芸術家には例外なく幼児性、自己性愛という性格的な制約があると唱えているが、これは芸術家個人については当たっていても、彼の内なる創造者には当てはまらない。なぜならこの創造者は自己性愛的でも異性愛的でもなく、そもそも性愛とは何の関係もなく、きわめて即物的、非個人的であって、いうなれば非人間的ないし超人間的でさえあるからである。芸術家としては、彼はその作品そのものであって、もはや人間ではないのである。

創造的人間は、互いに相反する特性が二元性を成している存在であり、その総合である。一面において人間的、個人的だが、他面においては非個人的な創造の過程そのものなのである。人間としてならば、健康であったり病んだりするだろうから、その個人的な心理は個人として解明できるし、またそうすべきだろう。しかし芸術家としては、ひとえにその創造の行為から理解するしかないのである。たとえば英国紳士やプロイセンの将校や枢機卿といった人たちの立居振舞いを、その個人の病歴に帰せしめようとするのは、乱暴な誤りと言うべきだろう。紳士も将校も偉いお坊さんも、客観的で非個人的な職務であって、それぞれに固有な、私を離れた心理をもっている。芸術家は公務とはまったく異なるけれども、深いところである種のアナロジーがあると言えるのは、芸術家特有の心理というものが、普遍的なものであって個人的なものではないからである。芸術はあたかも衝動のように芸術家に生得のものであって、彼を捕え、道具として使役するのである。彼の内にあって意欲するものは、究極のところ個人としての彼自身ではなく、芸術作品なのである。個人としての芸術家はあれこれの気まぐれや意志や自分の目的を持つこともできるだろう。

しかし芸術家としては、彼はより高次の意味において「人間」であるにすぎない。彼は普遍的人間なのである。無意識のうちに働いている人類の魂の、彼は担い手であり形成者なのである。これが彼の公務にほかならない。この責務の重さは重く、そのためにしばしば人間としての幸福や、普通の人たちにあって人生を生きるに値するものにしているすべての善きことを犠牲にしなければならないほどである。C・G・カールスは言っている。「それはまた、われわれが天才と呼んでいるものが、おのれを証明する仕方によっても普通とは違っている。なぜなら奇妙なことに、そのような高次の才能に恵まれた精神に限って、次の点で抜きん出ているからである。すなわち彼は、おのれの生き方を決める自由と聡明さを持ちながら、無意識という彼の内なる神の前に立つと、あらゆる面で圧迫され決定されてしまうのである。観照の力もその前では無力である——彼自身はどこから来たか知らない。それが彼に迫って働かせ創らせる——彼自身はどこへ行くのか知らない。そして生成と発展の衝動が彼を支配する——彼自身は何のためなのか知らない」[*26]。

こうした事情であってみれば、まさに（全体として見た）芸術家こそが、批判的分析心理学にとりわけ豊富な材料を提供するとしても、少しも不思議なことではない。彼の人生はいきおい葛藤に満ちたものとなる。彼の中に二つの勢力がせめぎ合っているからである。一方には幸福と充足と生命の安全に対する当然の要求を持った普通の人間がおり、他方にはがむしゃらな創造の情熱があって、こちらは必要とあればあらゆる個人的な願望などは踏みにじって通る。だからこそかくも多くの芸術家の個人的な宿命が、かくも不運で悲劇的であるわけで、それも何か暗い定めといったもののせいではなく、彼らが人間として人格的に劣っており、適応能力に不足しているためなのである。およそ創造的人間で、その大いなる才能の神的火花のために高い代価を支払わずにすむ者は稀である。一人ひとりが持って生まれる生命エネルギーの総量には一定の限度があるかのようで、芸術家の内の最も強い側面すなわち創造性は、もし彼がほんとうに芸術家になるときは、そのエネルギーの大半を奪い去ってしまい、爾余の方面に振り向ける分はほとんどなくなって、なんらかの美点を十分に発達させるには足りなくなってしまうのである。それどころか人間的な側面は創造性に席を譲って、ほとんどもう未開に近い著しく低い水準にまで消耗してしまう。これがしばしば幼児性や思慮のなさとして、あるいは浅はかで単純なエゴイズム（いわゆる「自己性愛」）として、自惚れやその他の欠点として現れるのである。こうしたさまざまな劣等は、自我に対してこうした方法でしか十分に生活力が供給されていないことを意味している。自我はこのような低い生活形態を余儀なくされるのであって、さもなければ完全な収奪に遭って破滅するしかない。ある種の芸術家に見られる自己性愛的性格は、いわば私生児や見棄てられた子どもが、希望を砕くような愛のない環境に対抗するため、ごく幼いころから悪い性格を身につけるのにも喩えられよう。こうした子どもはともすれば無思慮な自己中心的な性格になりやすく、消極的な場合は一生幼児的で無気力だし、積極的な場合はモラルに逆らい法律を犯すことになる。そこで、芸術家を解明する際、その作品に拠るべきであって、その性格の親しみにくさや個人的な葛藤に拠るべきでないことが納得いくであろう。そうしたものは彼が芸術家という、なみの人間よりも多くの重荷を負わされた人間であるという事実の、気の毒な附随現象にすぎない。能力が多ければエネルギーの消費も大きい。だから一面においてより多ければ、それに伴って他面においてはより少ないことになるのである。

芸術家自身が、作品が自分の中でおのずから作られ成長し結実するものだと心得ていようと、それとも自分の意図で独自のこしらえものを作っていると思い込んでいようと、実際に作品が彼の中から育つという事実に少しも変わりはない。それは子供の母親に対する関係と同じである。創造の心理はそもそも女性の心理なのである。なぜなら創造的所産は無意識の底から、すなわちまさしく母たちの王国から育ってくるからである。創造性が重きをなせば、無意識も重みを増して、意識的な意志に対抗して生活と運命を形成する力となる。そして意識は地下の伏流の圧倒的な力に押し流され、事態の単なる傍観者になることも稀ではない。作品の生成が詩人の運命であり、その心理を決定する。ゲーテが『ファウスト』を創ったのではない。『ファウスト』という構成要素がゲーテを創っているのである。[*27] では『ファウスト』とは何ものか。『ファウスト』は一つの象徴である。既に知られたものを指す記号やアレゴリーではなく、ドイツ人の魂の底に古くより生動しているものの表出であって、ゲーテはその誕生に与《あずか》って力を藉《か》さねばならなかったのである。ドイツ人以外の者が『ファウスト』や『ツァラトゥストラ』を書いたなどと、仮にも考えることができようか。両者はおそらくともに同じものを暗に示している。それはドイツ人の魂の奥に震動しているもの、ヤーコプ・ブルクハルトがかつて言ったような「原像」である。それは一面では医師と教師の姿を、他面では陰鬱な魔術師の姿をしている。一面では賢者、治癒者、救済者であり、他面では呪師、眩惑者、誘惑者、悪魔である。この原像は太古以来無意識に埋め込まれて眠っており、時代の都合により、あるいは不都合により、目を覚ます。大いなる過誤が民族を正しい進路から逸らせるようなときがそれである。なぜなら間違った道が行く手に現れるとき、民族は指導者を、導師を、それのみか医師をも必要とするからである。誘惑に満ちた迷い路は毒であるが、同時に薬でもありうるような毒である。そして救済者の影は悪魔的な破壊者の姿をしている。この反力は何よりもまず神話的医師その人において働いている。傷を癒す医師は自分自身傷の持ち主である。ケイロンはその古典的な例である。[*28] キリスト教の世界で言えば、それはキリストの、この偉大な医師の、脇腹の傷である。ファウストはしかし、きわめて特徴的なことに、傷を受けていない。道徳上の問題の埒外にある。その人格を二つに割ってみれば、陽気でもあれば悪魔的でもあろう。それでこそ「善悪から隔たること六千フィート」と感じることもできる。メフィストフェレスからは逃れたと見えた代償支払いの代わりに、何百年かを経たのちに血の請求書が突きつけられたのである。だが、詩人は万人の真理を語ると言って、誰が本気で信じるだろうか。その場合、芸術作品をどういう枠の中で考えたらよいというのだろうか。

元型はそれ自体善でも悪でもない。それは道徳的には中立のヌーメン（神性）であって、意識と衝突したときに初めて善か悪か、あるいはその相反する二重性かに赴くのである。善へ赴くか悪へ赴くかの決定は、知っていようと知らずにであろうと人間の意識の態度によって決まってくる。こうした原像はたくさんあるが、それらはいずれも、意識が中道を踏み外すことによって励起されない限り、個人の夢の中にも芸術作品の中にも現れることがない。意識がひとたび一面的な、それゆえ誤った態度に迷い込むと、この「本能」ともいうべきものはたちまち賦活されてその像を個人の夢や芸術家や予言者の幻視の中に送り込んできて、魂の平衡を再び取り戻そうとするのである。

こうして民族の魂の欲求は詩人の作品の内に満たされる。またそれゆえにこそ詩人にとって作品は、意識しようとすまいと、まさしくその個人的な運命以上のものなのである。詩人は深い意味において道具であり、それゆえその作品の下にある。したがってまたわれわれは、詩人の口から、その作品の解釈を期待したりしてはならないのである。彼は創作でその能う限りを尽くしたのであって、解釈は他者と未来に委ねなければならない。偉大な作品は夢にも似て、いかにも明白であるくせに少しもおのれを説明していないし、けっして一義的でもない。「こうすべし」とか「これが真実だ」とか言っている夢はない。夢は一つの画像をそこに置くだけであって、それは自然が植物を成長させるのにも似ている。そしてそこから結論を引き出すのはわれわれに任されている。不安な夢を見たからといって、その人が不安を抱きすぎているというわけでもなく、不安を感じなさすぎるというわけでもない。賢い教師の夢を見たからといって、その人が人の師表たるべき人物だというわけでもなく、誰かに師事しなければならないというわけでもない。夢も芸術作品も微妙なところで同じものなのである。それを知るには、芸術作品が詩人に働きかけたように、自分にも働きかけさせてみるほかない。その意味を理解するためには、それが詩人を形成したように、自分をそれによって形成させてみなければならない。そうして初めてわれわれもまた、芸術家の原体験が何であったかを理解する。——彼はあの癒し救済する魂の深みに触れたのである。そこではいかなる個人もまだ意識の孤独へと分かたれてはおらず、苦悩に満ちた迷い路へ踏み込んでいない。そこではまだみんなが同じ振動の内に包まれていて、個人の感覚や行動は全人類にまで及んでいるのである。

「神秘的融即」というこの原状態に再び浸ることこそ、芸術創造および芸術の効用の秘密にほかならない。この段階における体験では、体験するのはもはや個人ではなく民族であり、そこでは個人の禍福は問題にならず、民族の生命だけが問題である。だからこそ偉大な芸術作品は即物的かつ非個人的であって、しかも最も深いところでわれわれに触れる。だからこそ詩人の個人的側面は単なる利点か障害かにすぎず、彼の芸術にとって本質的なものではない。伝記に言われる個人としての彼は、俗物かもしれず実直な男かもしれない、神経症患者でもあろうし、愚者か犯罪者の場合もあろう。それはそれで面白いし避けては通れない。しかし詩人として見れば取るに足らぬことなのである。

エディプス・コンプレクス

前講[*1]までにご説明したところから、われわれの方法がはるかに科学的なものであることを納得していただけたと存じます。これまでに精神分析の研究が取り上げてきた空想内容が、単なる分析家の勝手な思い込みや錯覚にすぎないなどとは、もはやお考えにならないでありましょう。そこで今度はこうした無意識の空想内容というものが、いったいわれわれに何を語っているかという話に入ってよろしいかと思います。

大人の日常に見られる空想は、それが意識される限りでは、きわめて多様で個人的な色彩の強いものです。だからそれらを全般的に叙述することはまず不可能なのですが、分析によって成人の無意識的な空想世界に分け入ることならばできます。無意識の世界では、空想内容の多様さに変わりはなくても、意識におけるような個人的な独自性はもはやありません。そこで出会うのは、もっと類型的な素材であって、それが似たようなかたちでさまざまな人に見られることがよくあることだけは確かなのです。たとえば、宗教や神話に見られる想念のヴァリエーションであるような観念は、きわめて広く時代を越えて現れます。この事実は、こうした空想の中にこそ神話的、宗教的なさまざまな観念の萌芽状態があるのではないかと、推測させるに足るものであります。

ここであまり先走りしないために、実例を挙げる必要があるでしょうが、この問題については私の『リビドーの変容と象徴』[*2]を参照していただきたいと思います。今はただ、例として、キリスト教の中心的な象徴である犠牲が、無意識の空想でもしばしば重要な役割を演じることだけを指摘しておきます。ウィーン学派はこの現象を誤って去勢コンプレクスと名づけました。この矛盾した術語の付け方は、先にもちょっと触れたウィーン学派の性の問題に対する独特の立場から来ています。私はいま挙げた私の著書で、この犠牲の問題はことに念入りに論じたつもりです。ですからここでは、これ以上立ち入らずに、無意識の空想内容の起源についてのお話を続けることにします。

子供の無意識にあっては、子供の生活環境にふさわしく、空想はそれだけ単純なものでしかありません。精神分析学派の結束した探究のおかげで、幼児期に最も多く見られる空想はいわゆるエディプス・コンプレクスであることがわかっております。この命名もまた、およそ不似合いなもののように思えます。エディプス〔オイディプス〕の悲劇的な宿命は、衆知のようにエディプスが母と結婚し、父を打ち殺すところにあったわけですが、この成人してのちの悲劇的葛藤は、子供の心に宿るにはほど遠く、子供がそんな葛藤を持っているなどとは、一般の人にはとても考えられません。しかし少しく考えてみますと、エディプスの運命がその両親に限定されているというところに類似点があることがわかるでしょう。この限定は子供に一般的なものであって、成人の運命は両親に限られるものではありません。その点では確かにエディプスは幼年の葛藤を演じているのであって、ただそれが成人として拡大されたかたちで起こっただけなのです。エディプス・コンプレクスという名称は、もともとこうした成人における拡大されたかたちでの葛藤を指すのではなく、その幼児期に見合った縮小され弱められたかたちを言うのです。つまり差し当たっては子供の愛の対象が父や母に限られるということにすぎず、それが一定の強度に達して、嫉妬を伴って母親を守るようになったとき初めてエディプス・コンプレクスと言えるわけです。

　エディプス・コンプレクスをこのように柔らげ縮小したからといって、それはけっして情動の強さの減少を意味するわけではありません。子供にあっては、性的情動に関わるところが少ないと言っているだけなのです。その代わり、子供の情動は激しく、成人における性的情動に等しいくらい強いものです。小さな子供は母親を独占し、父親を斥けようとします。ご承知のように、子供はときには嫉妬に駆られて両親の間に割って入ることさえあります。無意識の中では、こうした願望や意図がもっと具体的でドラスティックなかたちをとるのです。子供というものは小さな未開人であって、殺すことはそれだけ身近なのです。そしてそれだけにまた、無意識というつねに大変ドラスティックなかたちでおのれを現すところにあっては、殺すという考えは容易に起こりうるのです。一般に子供が無害であるように、この一見物騒な願望も、原則としては無害です。もちろん「原則として」であって、子供でもときには殺人衝動を間接的にではなく、直接に発現させることはご存じでしょう。けれども子供は、そういう意図の下に計画を立てたりすることはできないのですから、その殺人志向をそんなに危険視することはありません。同じことが母親に対するエディプス的な傾向についても言えます。こうした空想のかすかな萌しは意識においてはほとんど気づかれずに終わるものです。だからたいていの親たちは、自分の子供にはエディプス・コンプレクスなどないと思っているのです。親というものは愛情ゆえに盲目なのです。しかし、エディプス・コンプレクスが、差し当たっては父や母に対する子供らしい熱愛の形式であり、この熱愛が惹き起こす葛藤の形式であると言ったならば、これはありうることと思われるのではないでしょうか。葛藤は、利己的な熱愛にはつきものであります。

エディプス幻想の話がことに興味深いのは、それが無意識空想というものの展開について、実に多くのことを教えてくれるからです。ふつうエディプスの問題は、男の子の問題だと考えられていますが、実は奇妙なことにそうではないのです。性的リビドーというものは、たいていの場合比較的遅く、思春期に至ってようやく性別に見合った決定的分化発達を遂げるものです。それより前には、両性的とも言えるような、性的には未分化の状態でしかありません。だから小さい女の子がエディプス・コンプレクスを抱くことがあっても、驚くには足りないのです。われわれのこれまでの知見に照らしても、子供の最初の愛情は、子供の性別に関係なく、母親に向かうものです。この段階では、母親への愛が強ければ、父親は嫉妬すべき競争相手として斥けられてしまいます。こうしたごく幼い子供にとっては、母親はもとよりなんら言うべきほどの性的な意味は持っていないのですから、エディプス・コンプレクスという名称は、そもそも当たりません。この時期にあっては、母親はまだ、着せたり食べさせたりしてくれる保護者であって、享楽の対象となるのもそのためなのです。

母親に対する幼児語ママが、母の乳房でもあることも見逃せません。ベアトリーチェ・ヒンケル博士に伺った話ですが、幼児に母親の定義を求めたところ、食べ物やチョコレートをくれる人という答えが多かったそうです。この年代にあっては、食が性の象徴にすぎないと言うことは、できそうもありません。もちろん成人にあっては、ときにそういう場合もあるのですが。食は食で一つの快楽源泉であり、それがいかに強力なものかは、文化史をほんの一瞥しただけで十分わかります。あの頽唐期のローマに見られた美食や饗宴は、ほかにどんな理由があろうとも、性の抑圧によるものでないことだけは確かです。当時のローマ人に性の抑圧なぞはおよそ見られないのですから。飽食もまた一つの補償行為であることは疑えませんが、しかし性的なものの補償ではなく、おろそかにされた道義的心性のそれなのです。人はとかくモラルというものを、人間に外側から強制される掟と考えがちですが、そうではありません。人間は自分自身のために作ったモラルを持つものなのです。

先にも説明しましたが、私は快感をそれ自体、性と同一視する立場は採りません。幼年時代の初期では、快感に占める性の割合はあるかなきかにすぎないのです。しかし嫉妬は、それにもかかわらず、すでに大きな役割を演じています。つまり嫉妬もまた、ただちに性の領分に属するものではないのであって、食餌に関する嫉妬もまた、それだけで初期の嫉妬羨望の一部を成しているのです。これは動物の場合を考えてみればすぐにわかることでしょう。もちろんこれにエロスの芽生えが付け加わるにはそれほど間がありません。この要素は年とともに強まっていって、やがてエディプス・コンプレクスが古典的なかたちで現れます。年齢とともにこの葛藤は、男の子にあっては男性的な、つまりエディプス的なかたちをとるに至るし、女の子の場合は父親への偏った傾倒と、それに見合った母親に対する嫉妬の態度に発展します。この場合をエレクトラ・コンプレクスと呼んでよいでしょう。エレクトラはご承知のように、愛する父親を奪った母のクリュタイムネストラの夫殺しに血の復讐を遂げたからです。

これら二つの空想コンプレクスは、段階を追って発展成熟してゆき、思春期を終わる頃になって、今度はそれに続く両親からの離脱をもって新たな段階に入ります。この新しい段階の象徴が、先に述べた犠牲象徴にほかなりません。性的な成熟は、進むにつれて、人を家族から押し出すように働きます。それによって自主と独立が得られるわけです。ところが子供というものは、これまでの前歴によって家庭と密接に結びついている、ことに両親とは密着しているものですから、内面的に幼児期の環境から、というよりむしろ彼自身の幼児的な〈態度〉から身を振りほどくには、しばしばただならぬ困難を覚えるものなのです。成長の過程でこの内的な解放がすぐにはうまくいかない場合は、エディプス・コンプレックスとエレクトラ・コンプレックスは葛藤にまで高まって、そこで神経症的な障害の可能性まで出てくることになります。そうなるとすでに性的に発達していたリビドーが、このコンプレックスにふさわしいかたちをとって、さまざまな感情や空想を生み出しますが、それによって、これまで無意識の中にあって比較的働きが弱かったとはいえ、このコンプレックスが厳として存在していたことが、もはやまぎれもなく明らかになるのです。

これに続いて今度は、このように活性化したコンプレックスから出てくる反道徳的な衝動に対する強い抵抗・反撥が生じます。意識的な行動として現れるその結果は、必ずしも一様ではありません。直接に現れる場合には、男の子は父親に激しく反抗し、母親にはことさら優しく依存するような態度を採ります。間接的に現れる場合、つまり補償として現れる場合は、父親への反抗の代わりにことさらな服従が見られ、母親に対しては焦立ちや拒否を示すようになります。さらに直接的な結果と補償的な態度とがときによって交互に現れることもあります。エレクトラ・コンプレクスの場合も同様です。こうしたかたちでの葛藤に性的なリビドーがまき込まれてしまうと、エディプス・コンプレクスもエレクトラ・コンプレクスも殺人や近親相姦にまでいってしまうでありましょう。しかし、正常な人間にあっては、そこまでいくことはもちろんありません。〈モラルを知らない〉未開人においても同様です。そうでなければ人類はとっくの昔に絶滅していたことになってしまいます。しかし実際には、われわれを日常取りまいてきた環境は、いつか人を駆り立てるような刺戟を失い、そのためリビドーは新しい対象を探し求めるようになるというのが、ごく自然の成り行きで、これが殺人や近親相姦を防ぐ重要な規制となっているのです。つまりリビドーが家族の外に対象を求めて生成発展していくというのが、どう考えても正常かつ事実に則したあり方で、リビドーが囚われたままになっているのは異常で病的な現象にすぎません。とはいえこれは、正常な人間にもかすかな萌しとして認められる現象ではあるのです。

思春期のあとの、かなり長期にわたるより成熟した年齢において出現する無意識の空想が、犠牲の空想であって、その例を私は『リビドーの変容と象徴』で詳しく述べていますが、これも幼児期のコンプレクスが尾を引いているものの一つです。犠牲の空想は幼児期の願望の放棄を意味しております。そのことを私は先の著書で示したわけですが、同時にこれに類似した宗教史上の事象についても触れておきました。この問題が、まさに宗教において重要な役割を果たしているということは、けっして驚くには当たりません。なぜなら、宗教は心理的な適応の過程において、この上ない助けとなるものの一つだからです。心理的な適応の過程で、新たな獲得を妨げるものは、主として古いものや、それ以前の態度への保守的な固執であります。しかし一方において人間は、旧来の人格や対象をただそのままにしておくこともできません。そんなことをすれば、自分のリビドーを過去に固着させることになって、そのためなにがしか貧しくなってしまうことでしょう。宗教が助けとなるのはここにおいてであります。宗教はしかるべき象徴の橋を架けて幼児期の対象(両親)に留まっていたリビドーを、いにしえの象徴の担い手、神々へと導き渡してくれるのです。それによって幼児の世界から広い世間へと移行できるようになり、リビドーはより広い社会的な方面で役立つようになるのです。

フロイトはこの近親相姦コンプレックスに対して特殊な把え方をしたため、さらに著しい矛盾を招くことになりました。フロイトは、エディプス・コンプレックスが原則として無意識のものであるという事実から出立して、それを道徳的な性格を帯びた抑圧の結果とみなしたのです。こういう表現ではフロイトの意図を正確に言い表したことにはならないかもしれませんが、いずれにせよ、フロイトの把え方では、エディプス・コンプレックスは抑圧されたもの、つまり意識の傾向の反作用によって無意識の中に押し込められてしまったものということになるようです。そこで、もし子供の成長が妨げられたり、さまざまな文化の影響をこうむったりすることがなければ、エディプス・コンプレックスも意識に上るまでに育ってくる、そういうことになりそうです。[*3]

フロイトはこうしたエディプス・コンプレックスの成長発現を妨げる障壁を、近親相姦障壁と名づけました。つまりフロイトは、この命名から推察する限り、近親相姦を防ぐのは経験による抑止や現実の訂正の働きによると考えている、そして無意識は、他人などにおかまいなしに、無制約の直截な満足を求めてやまないと考えているのです。この考え方はショーペンハウアーの、盲目の意志のエゴイズムという考え方に近いものです。このエゴイズムは、自分の長靴に塗る脂がほしいばかりに兄弟を殴り殺すほど強いとされています。フロイトは自分の仮定した心理的な近親相姦障壁を、社会組織の未発達な未開人の間にも既に見られるインセスト・タブーに比べうるものとしております。そしてこの禁忌のあることが、とりもなおさず近親相姦が現実に真剣に求められている証拠であって、それに対して既に未開の段階から掟が作られたのだというのです。つまりフロイトにとっては、近親相姦傾向はきわめて具体的な性的願望にほかなりません。だからこそこのコンプレクスを神経症の中核コンプレクスと呼びさえするわけです。そして、これを発端に据えて、神経症心理全般をあらかたここに還元したり、そればかりか、ややもすれば精神界の他のさまざまな現象まで、これで説明しようとしたりするのです。

超越機能

1――超越機能のしくみ

意識と無意識の相補性

「超越機能」といっても、別に神秘的なもの、たとえば超感覚的なものとか形而上学的なものを指しているのではない。ある種の心理的な機能のことであって、その性質上、数学で言う超越函数《ファンクション》に比較することができるような、いわば実数と虚数の間の相関機能なのである。心理における「超越機能」はすなわち、意識内容と無意識内容との連合から生ずる。

分析心理学に携わるものは、意識と無意識とは普通、その内容や傾向においてほとんど一致しないことを知っている。なぜ一致しないのかは、これも経験上わかることだが、けっして偶然の結果や無計画のためではない。そうではなく、無意識というものが意識に対して補償的ないしは補完的に働くからである。あるいは逆に、意識は無意識に対して補完的に働くと言ってもよい。こうした関係は、(1)――無意識内容はある閾値を持っていて、あまりに微弱な要素は無意識の内に取り残されるからであり、(2)――意識はその方向を持った諸機能のために、不適当な素材を抑止するからである（フロイトはこの働きを検閲と呼んだ）。そこでこの不適当とされた要素は無意識の中に沈んでいく。(3)――また、意識がそのときどきの適応のプロセスであるのに対して、無意識の方は個人の過去の忘れられた要素のすべてと、人間精神に受け継がれてきた構造的な機能の痕跡とをともどもに含んでいる。さらに、(4)――無意識の中には、まだ十分な閾値に達しない空想の混合物があって、これは時の経過に従って、条件さえ整えば意識の光の中に浮かび上がってくるものである。

こうした関連からすれば、無意識が意識に対して補完的な性格を持っていることは、おのずから明らかであろう。

意識内容が決定され方向づけられているのは、系統発生史上、きわめて新しく獲得された特性であって、今日でもたとえば未開種族にあってはそれが著しく欠けている。さらに神経症質の人にあってもさまざまな破綻を見せており、そのため正常人とはっきり区別がつくほどである。神経症質の人においては意識の閾域が一定でない、別の言葉で言えば、意識と無意識との間の隔壁が浸透性を持っているのである。

意識の確定性や方向性は、きわめて重要な成果であり、それを得るために人間が払った代価は大きかったが、その代わり裨益されるところも少なくなかった。それがなければ、そもそも科学も技術も文明もありえなかったであろう。これらはすべて、心理過程が信頼するに足るだけの持続性と等質性、目的指向性を備えていて初めて可能となるからである。高級官僚や医師、技術者は言うに及ばず日雇労働者に至るまで、この特性は不可欠である。もちろん例外がないわけではない。創造的な才能がそれであって、創造的な人間においては、その意識と無意識との間の隔壁の浸透性が有利に働いているのである。もっとも、何よりも等質性と信頼性を要求する社会組織にとっては、こうした例外的な人間は、原則としてあまり役に立たない。

こうしたわけで、個々の場合における心理過程が、できる限りはっきりと確定されていることは、単に理解できるというばかりでなく、必要なことですらある。生存の必要がそれを要求するのである。しかしまた、こうした特性は、有益であると同時にきわめて不利な面も備えている。すなわち、方向性を持っているということは、心的要素のうち、その方向に合わないと見えるもの、あるいは実際に合わないもの、あらかじめ定められた方向を勝手に曲げたり、所期の目標と違うところへ持っていこうとしたりする要素を阻止し排除することをも意味している。しかし、いったい何を基に、併存している心的素因を「合わない」とするのだろうか。それはまさにその方向を望み、決定するところの判断の働きによるほかない。この判断はしかし、依怙《えこ》であり偏見である。なぜなら他の一切の可能性の犠牲の上にある一つを選んでいるからである。この判断はつねに経験から発している、ということはつまり、既に知られたものだけを基にしているわけである。したがって新しいもの、まだ知られてはいないが、しかるべき状況の下では意識の方向を実質的に豊かにするかもしれないようなものは、原則として判断の基盤とされることがない。無意識内容が意識に上ることができない限り、そうしたものは判断の基盤にならないのである。

このような判断の働きによって、意識の方向づけられたプロセスはどうしても一面的にならざるをえない。いかに判断が合理的で、多面的な偏見のないものであろうと同じことである。それどころか判断の理性そのものが一つの偏見となりかねない。なぜなら、これが理性的であるというのは、われわれにとって理性的に見えるということにすぎないからで、したがってわれわれに非理性的と見えるものは、まさにその非合理的な性格のゆえに排除されてしまう。なるほどそれは事実非合理なものかもしれないが、なかにはそう見えるだけで、深いところではけっしてそうでない場合だってありうるのである。

意識の一面性がもつ危険

こうした一面性は、方向づけられたプロセスには必然的に伴う、避けることのできない特性である。方向がそもそも一面性にほかならない。一面性は有利でもあれば不利でもある。外見上なんら不利益のないように見えても、無意識の内には必ずその正反対の対立要素があるのが普通である。すべての心的要素が完全に同一方向に向かって一致するという理想状態ならば別だが、これは理論上ありえても、実際にはほとんどないと言った方がよい。無意識の内の反対要素は、それ以上のエネルギー荷を帯びないうちは障害にならない。しかし一面性があまりにはなはだしくなると、反撥力が増してきて、反対傾向が意識の中へ侵入してくるが、それも、意識の方向づけられたプロセスが、まさに一番重要な地点にさしかかったときに起こるのが普通である。ばかなことを言ってはならない大事な瞬間に、言い間違いをしたりするのがそれである。この瞬間はしたがって危機的な瞬間である。なぜなら、エネルギーの緊張は限界に達し、既に無意識の電荷が高まっていただけに容易にフラッシュオーバーして、無意識内容を解発するからである。

われわれの文明生活は、意識の集中し、方向づけられた活動を人に要求するから、それだけ無意識と完全に切り離されてしまう危険も生ずる。しかし、方向づけられた諸機能によって、無意識から遠ざかれば遠ざかるほど、それだけ意識の反対要素は強められ、ひとたび噴出するや好ましくない結果をもたらしかねないほどになる。

分析的精神療法を通じて、われわれは無意識の影響というものがきわめて重要であることを思い知らされた。そして治療が「完結」すれば、無意識内容も消え去り鎮静されると期待したりするのが賢明でないことも、実践上の知恵として学んだ。患者の多くが、既に自分たちも医者もお互いの依存感情を重荷に感じ不愉快に思うようになっているのに、なお分析をやめる決断がつかないというのも、こうした事態をぼんやり感じ取っているからにほかならない。なかには分析をやめ、自力で生きることをあからさまに恐れる患者もあるが、それも無意識というものが、一見予測を越えたやり方で、いつまた自分の生活をかき乱しにくるかわからないということを経験から知っているためである。

以前は、患者というものは、たとえば自分の夢を理解できるほどの、実践的な自己認識が可能になれば、正常な生活に戻れるものと考えられていた。しかし経験の教えるところでは、夢分析に長《た》けているはずの分析医といえども、自分自身の夢に対してはしばしばまったく無力であり、同僚の助けを借りねばならないのである。専門家として、その方法を習得している者でさえ、自分の夢となると満足に解釈することができないのだから、ましてや患者にそれが期待できるはずがない。無意識内容を全部白日の下に汲み出すことができるというフロイトの期待は実現しなかった。夢を見ることや無意識の侵入は、しかるべき変化はあっても、そのまま一向やむことなく存続するのである。

終りなき治療

分析がいわば一種の「治療」であり、一定の期間それにかかれば、やがて治って退院ということになる、というのはよくある先入見である。精神分析の創草期から既に見られた素人臭い誤解である。分析療法が、医者の助けによる心的方向の再調整であるとは言えよう。その結果得られた、内外の諸条件によりよく適合する方向が、かなり長期にわたって保たれることももちろんある。しかし、一回限りの「治療」によって、そうした持続的な効果が得られることは、きわめて稀な例にすぎない。医師には、周知のようにいつの時代にも宣伝怠りない楽観主義がつきものだから、決まって最終的に治癒したなどと平気で言うが、診断治療の持つ人間的な、あまりに人間的な面に眩惑されてはならない。無意識はつねに存続し、繰り返し危機的な状況を醸し出すという事実をつねに見据えているべきである。なにもペシミスティックになる必要はない。たゆまぬ研究と幸運によって、十分よい結果だって得ているのである。だがそれにしても、分析がけっして一回限りの「治療」などではなく、多少とも根本的ではあれ、差し当たり単なる再調整にすぎないという事実は、忘れるわけにはいかない。どんな変化更新にしても、無条件に長期にわたって効果を発揮し続けるものではない。生はつねに新たに獲得されることを欲している。もちろん、きわめて息の長い集合的な心的定位というものはあって、それによって類型的な葛藤の解消が可能である場合もある。一つの集団的な心的態度は、他のさまざまな生活条件と同様に個人の上に働いて、個人を摩擦なく社会生活にはめ込んではくれる。しかし患者の陥っている困難はまさに、自分の個人的な所与が、摩擦なしには類型的な規範に適応できないということにあり、個人的特性が、まさに個人的な葛藤解消の途を要求しているところにあるのである。そうでなければ人格の全体性は生き続けていくことができないのである。この課題は、合理的な解決法をもってしては果たすことができない。そして、いずれにせよ、何の損ねるところもなく個人的な解決にとって代わりうるような集団的な規範などというものは、ありえないのである。

分析の過程で得られた新しい態度は、遅かれ早かれ、なんらかの点で不十分なものになる。それはつねに適応の更新を求めてやまない生の流れの必然的な結果である。一回だけで達成される適応というようなものはない。もとより治療法というからには、のちのちの生活においても、さしたる困難なしに新しい態度決定が続けてやっていけるようでなければならないと言うことはできるだろう。事実、経験上、そういうこともある程度までは可能である。徹底した分析を受けた患者が、のちの再適応に際して、著しく困難を軽減される例も稀ではない。しかしそれでもなお、この困難は再三人を見舞うものであり、ときには実にやっかいなものである。だから、いちど徹底的な分析を受けた患者が、のちのちもしばしばその医者に助けを求めにやってくるということも起こる。これは医療一般から言ってそれほど特殊なことではないが、それにしても、治療家の度を過ごした自信をはねのけ、分析が一回限りの「治療」であるとする見解を一蹴する事実であることに変わりない。それどころか、そもそも患者の難儀を一掃するような療法などというものがあるのかどうか疑わしいくらいである。人間はむしろ困難を必要とする。困難は人間の健康にとって欠かすことができない。ただそれが余計な重荷になるかどうかという、程度の問題にすぎないのである。

意識と無意識の調停

そこで治療の根本課題は、ただ現在の困難をどう取り除くかということだけでなく、どうしたら将来出会うべき困難にうまく対処できるかということでもなければならない。つまり、無意識の阻害的な影響に対して、どのような精神的・道徳的態度が必要か、それをどうやって患者に獲得させるかが問題なのである。

答えは明らかであって、意識と無意識の乖離を調停すればよい。その際、無意識内容を一方的に意識の裁断の下に排除したのではだめである。むしろ無意識内容の、意識の一面性に対する補償としての意味を認識し、考慮に入れなければならない。無意識の傾向と意識の傾向とは、すなわちここに言う超越機能を成り立たせる二つの要素にほかならない。これを超越と呼ぶのは、一つの態度からもう一つの態度への移行が、有機的に行われるからである。つまりここでは無意識は損なわれずにすむのである。こうした構成的な方法が成り立つためには、意識的な認識が必要で、患者の内にもそれは潜在的にはあるのである。だからこそそれをはっきり意識させることもできる。もし医者がこうした潜在的な可能性について何も知らなければ、患者の内なるものを発展させることもできはしない。医者と患者が手を携えてこの問題を独自に研究するのでもあれば別だが、そういうことはまずありえないと思われる。

そこで実際には、あらかじめその心得のある医者が仲立ちして、患者に超越機能を起こさせることになる。つまり患者を助けて、意識と無意識を統合させ、そこから新しい方向づけを獲得させるのである。この医者の働きのうちには、いわゆる転移という言葉のもつ多様な意味の一つがあるのであって、患者は転移によって、自分に態度の更新を約束してくれると思う人間にすがるのである。たとえ自分では意識しなくとも、転移によって自分にぜひとも必要な変革を成し遂げるわけである。そこで医師は、患者にとって、その生活に必要欠くべからざる人物という性格を帯びてくる。こうした依存がいかに子供っぽく思えても、そこにはきわめて大事な期待が込められているのであって、それが裏切られると、しばしば医者は患者の激しい憎悪を招くことになる。そこでこの転移に秘められている期待がそもそも何であるのかを知ることが必要となってくるが、ともすればそれを還元的に解釈して、幼児的な性的願望空想であると思いがちである。しかしそれでは、通例両親に向けられるこの空想を文字通りに受け取って、患者もしくはその無意識が、かつて子供のころ両親に対して抱いたような期待をいままた再び抱いている、あるいはまだ捨てきれずにいると解釈することになるだろう。外見からすれば、確かに子供が助けや保護を親に求めるのと同じような期待であるが、患者はもはや子供ではなく大人になっているのであって、子供にとっては正常であることも、大人にあっては本来のものと言えない。この期待は実は、困難に際して求めながら、意識において実現されなかった救いの要求が比喩的に表現されたものである。もちろん転移の持っているエロティックな性格を幼児期のエロスに還元して説明することは、発育史的には妥当であるが、それでは転移の意味と目的が理解できないし、幼児的エロス願望という解釈は、本来の問題を逸らすことになってしまう。転移の理解は、その発育史上の先行状態にではなく、その目的に求めねばならない。還元する一方の解釈は、特に患者の抵抗を増すばかりで、何の新しい展開ももたらさないとき、まったく理に反するものになってしまう。そうなると治療は停滞してしまうが、それは一本調子な観念の貧困の現れであって、それもときに思われがちなように無意識のそれではなく、こうした願望空想を単に具体的・還元的に把えるだけではだめで、むしろ建設的に把えねばならないということを知らない分析家の側の一本調子であり、観念の貧困なのである。建設的な洞察さえあれば、行き詰まった状態が一挙に好転することさえ稀ではないのである。

無意識を建設的に診断することが、つまり意味と目的を問うことが、私が超越機能と名づけたあのプロセスを理解するまず第一の基礎となる。

還元的方法と建設的方法

ここで、建設的方法は暗示にすぎないという、往々聞かされる非難に対して、一言しておく必要があるだろう。この方法の拠って立つところは、夢や空想の像などの象徴を、人間の基本的なあれこれの衝動に対応するいわば徴《しるし》として記号的に把えるのではなく、文字通り象徴的に把えるところにある。この場合「象徴」とは、意識にはまだはっきり把えられない複雑な事態をあたう限り忠実に表現しているもの、と解していただきたい。この表現されたものは、分析的に解剖したのでは、もともとそれを構成している基本的な構成要素が明らかになるだけで、それ以上のものは得られない。もちろん構成要素に関する知見が増すことは、それ自体なにがしかの利点であるには違いない。しかしながら、それだけでは目的という問題は素通りになってしまう。したがって分析のこの段階で象徴を分解することは好ましくない。もちろん、象徴が示唆している意味の抽出方法は、差し当たり分析的解剖におけるのと同じものであって、まず患者が思い当たることがらを列挙することから始まるが、これらのことがらだけで十分総合的な判断の材料になる場合も多い。この場合も判断の下し方は記号的にではなく象徴的な観点に立たねばならない。問題は患者の着想A、B、C……などが、夢の内容が告げているものと照し合わせたとき、どんな意味を指し示しているかということになる。

ある未婚の女性患者が、誰かに古墳から掘り出された剣を手渡される夢を見た。美々しく象嵌された、絢爛たる古刀であった。

【患者の連想】

父親の剣。父は昔この剣を、陽の光の中でかざして見せたことがあったが、それは彼女に強い印象を与えた。父はあらゆる点で行動力のある意志の強い男性で、気性は激しく、恋愛関係も華やかだった。ケルト人の青銅の剣。この患者はケルトであることを誇りに思っていた。ケルト人は気性が激しく、荒々しく情熱的である。剣の装飾には神秘的な趣きがある。墳墓から再び陽の光の下にもたらされた古い伝統、神聖なルーン文字、古い知恵の徴、太古の文明、人類の遺産。

【分析的解釈】

この患者は疑いもなく父親コンプレクスを持っている。そして早くに亡くした父に関して、さまざまなエロティックな空想をめぐらしていた。彼女はつねに母親の立場に立っており、もちろん父親には強い抵抗を持っていた。父に似た男性を受け容れることができず、そこで意に反して弱々しい、神経症質の男たちばかりを選んだ。分析のさなかにも、分析医の内なる父親に対して強い反抗を示した。夢は父親の「武器」に対する彼女の願望を掘り起こしたものである。理論上結論を言ってしまえば、剣が男根的空想を意味していることは明らかであろう。

【建設的解釈】

この患者は、あたかもこのような武器を必要としているかのようである。彼女の父親はその武器を持っていた。父親は行動力のある人間であり、それだけに自分の気性の招く困難を自ら引き受けねばならなかった。そのため情熱的な波乱の多い人生を送ったが、神経症質ではなかった。この武器は人類の遺産であり、患者の内に埋もれていたものだが、それが発掘の作業（分析）によって日の下に掘り出されたのである。武器は知恵や分別を表している。それは攻撃と防御の手段である。父親の武器は情熱的な不屈の意志であり、それをもって彼はおのれの人生を生き抜いた。患者は、これまで、どこから見ても父とは反対であった。彼女はまさにいま、人間は意欲することができるのであり、これまで彼女が思っていたように、単に流れに任せているだけではだめであるということを、はっきり自覚する地点にさしかかっている。生活知と洞察に基づいた意志こそ、人類の古くからの遺産にほかならず、それは彼女の内にも備わりながら、これまで埋もれていたのである。なぜなら、彼女もまた、あらゆる点でかの父親の娘であるのに、それをいままでわがままと、子供らしい女々しさのために、認めることができずにいたからである。彼女はあまりにも消極的であり、性的な空想に耽るばかりだった。

このケースでは、医師の側からこれ以上の類比や引例を補足する必要はなかった。この患者の挙げた連想ですでに十分足りたのである。こうした診断について、これは暗示であるという非難があるかもしれない。しかしそういう非難をする人は、あらかじめそれと思い当たる下地が心の中になければ、どんな暗示や示唆も受け入れられるものではないし、たとえむりに受け入れられたとしても、すぐにまた消し飛んでしまうということを、まったく忘れている。将来にまで受け入れられるような暗示は、つねに強い心的な素地に呼応しているのであって、それが暗示によって解発されるにすぎない。したがってこの非難は底が浅く、暗示というものに魔術的な力があるとみなしているに等しい。そのような力はあるわけがなく、もしあるならば暗示療法は絶大無比な効果を発揮して、分析の手続きなどまったく無用のものと化してしまうであろう。しかしそんなことはないのである。さらに、暗示だとする非難はまた、患者の連想そのものが、剣の持つ文化的意味合いを指し示しているという事実をも看過ごすことになろう。

どうやって無意識内容を手に入れるか

さて、以上の廻り道を経てわれわれは、再び超越機能の問題に帰ってくる。超越機能は実質的に医師の助力に支えられるものだから、治療の過程でいわば人為的に誘発させることができる。しかし患者を自力で歩けるようにしようとするなら、いつまでも他人に助けを求めさせてはならない。とはいえ夢の解釈は、意識と無意識の要素を統合させる手段として、なるほど理想的なものではあるにせよ、実際に自分の夢を分析するのはきわめてむずかしいものである。

超越機能を働かせるには、どうしても無意識の素材がいる。そして無意識過程の表現として、差し当たり夢ほど手頃なものはない。夢はいわば混り気のない無意識の産物なのである。夢が意識化される過程でバイアスをこうむるのは疑いないが、それもやはり無意識の仕業であって、意図的な歪曲といったものではない以上、無視することができる。もともとの夢の姿に変形を加えるものは、無意識のより表層の部分であって、したがってそれもまた無意識の資料として役立つのである。それは夢におけるいわば第二草稿である。このことは夢のあとの半醒状態や覚醒の際に、しばしば「おのずから」湧き上がってくるさまざまな想念についても当てはまる。ところで夢は睡眠の産物であるから、あらゆる点で、「心的水準の低下」（ジャネ）の徴表を帯びている。つまりエネルギー緊張が弱いのであって、論理的な不整合や断片性、類比の飛躍、言葉や音響や視覚像の意味のない結びつき、各種の混交や表現の非合理性、さらに支離滅裂な文脈などがその特徴である。エネルギー緊張がもっと強ければ、夢はもっと秩序立った性格を帯びてきて、ドラマティックに構成され、明瞭な意味の関連を示すようになり、それに対する連想もはるかに重要性を増してくる。

エネルギー緊張は睡眠時にはきわめて低いのが普通だから、そこで夢も、意識内容と比べて、劣った仕方でしか無意識内容を表現することができない。したがって建設的な観点からはきわめて理解しがたく、逆に分析的な観点からだと比較的容易に理解できることになる。つまり夢は、超越機能のためには一般に不向きであり、応用がむずかしいのである。夢の要求する解釈は、多くの場合主体にとって荷が重すぎるからである。

そこでわれわれは夢以外に原材料を求めなければならない。

たとえばここに、覚醒時における無意識の干渉がいくつかある。いわゆる「自然に浮かんでくる思いつき」や、無意識による行動の妨害、記憶の誤り、健忘、症候的行動等々といったものだが、これらの素材はたいてい還元的な観点からは価値があっても、建設的見地からはあまり役に立たない。それらはあまりにも断片的であって、意味の理解に不可欠な、もっと長い前後の脈絡に乏しいからである。

ほかに自発的空想というものがある。これはたいていの場合、比較的構成や脈絡が一貫しており、明らかに意味のあるものを含んでいることが少なくない。患者の多くは、批判的な注意力をしばしば緩めることによって、随時、自由に空想を「湧き上がらせる」能力を備えている。こうした空想は役に立つが、ただこの特殊な才能はそれほどしばしば見られるわけではない。けれどもこの能力は、訓練次第では促成できるものであり、こうした自由な空想を描ける人間の数を相当程度増やすことは可能である。その訓練とは、まず秩序立った練習によって批判的な注意力を締め出し、それによって意識の空白状態を作り出して、潜在的な空想が浮かび上がりやすいようにしてやるのである。もちろん、あらかじめリビドー価を帯びた空想が潜在しているという前提がなければならないのは言うまでもない。これはつねに、また誰にあってもそうであるわけではないから、この前提のない場合は、また特別な方法が必要になってくる。

この特殊な方法について述べる前に、私の個人的な懸念について一言しておきたい。それは、あるいは読者が、いったいこんなことをしてそもそも何になるのか、なぜそうまでして無意識内容を掘り起こさねばならないのかと疑問に思われるかもしれないということである。そうまでしなくとも無意識内容は、折にふれては独自の手段で、多くはその好ましくない姿をかいまみせるではないか、それ以上むりやり表面にひきずり出す必要はなかろう。むしろ逆に、空想から無意識を排除することによって、その力をなくさせることの方が分析療法の目的ではないのか、こうした疑問があるいはあるかもしれない。

この疑念にここでいささか詳しく応えておくことは、あながち無用ではないだろう。無意識内容を新たに尋常とは異なるやり方で意識化する方法は、やはり奇異に思われかねないからである。そこで、この方法を具体的に述べるに先立って、まずこのもっともな非難に応えておくことが先決である。

われわれは、先にも言ったように、意識内容を補完するものとして無意識を必要としている。意識の態度がごくわずかしか「方向づけられて」いない場合には、無意識はごくひとりでに意識に流れ込んでくるであろう。実際、たとえば未開人におけるように、意識の緊張度がいかにも低そうな人間にあっては、例外なくそうである。こうした人たちの場合には、改めて無意識の出口を設けてやる必要がない。いや、そうした人に限らず、見方によってはそもそも無意識の流れ道をことさら作る必要などないのである。なぜなら、自分の無意識の側面をよく知らない人ほど、実に無意識の流入を多く受けているからである。ただそういう人は、こうした事態を自覚していない。だから知らず知らずのうちに無意識は、絶えず至るところで生活に力を及ぼしているわけであって、改めて探し求めるには及ばない。必要なのは無意識内容の意識化なのである。われわれの行為の内に現に流入しつつある無意識を意識化することであって、それによって、無意識に知らず知らずのうちに左右されたり、そのため望ましくない結果をきたしたりすることを防げるのである。

無意識の調節作用と対抗作用

ではなぜ、無意識を放置してはおけないのか、こう問う人もあるだろう。無意識に関して、かつて苦い経験をしたことのない人なら、無意識を制御する必要など、もとより感じないであろう。だが十分な経験から判断できる人ならば、無意識にある種の制御を加えられるかもしれないというだけでも、歓迎すべきことに違いない。方向性は、意識のプロセスにとっては無条件に必要である。しかし、既に見たように、一面性がその避けられない条件である。心は生きた身体と同じく、一個の自動調節器官であるから、無意識の中にはそのときどきに対抗作用が修正的に働いている。もし意識機能の方向性がなかったとしたら、無意識の対照的な勢力は難なく割り込んでくるであろう。しかしまさに方向性が、それを締め出しているのである。といっても、もちろんそれでこの対抗作用が抑圧されるわけではない。依然として存在している。だがその調節的な影響力は、批判的な注意力と目的を自覚した意志によって排除されてしまう。ひとえに対抗作用がその性質上、意識的方向に合致しないように見えるからである。その点では、文明化した人間の心は、もはや自動調節器官というよりも、一個の機械のようなものであって、それも自動的な速度調節が鈍感なため、自己破損しかねないほどの回転ぶりだし、しかも他方では、一面的な方向しか持たない恣意の動かすままになっているありさまなのである。

無意識の対抗作用が抑圧されると、その調節的な影響力は失われてしまう。そうなるとそれは、意識のプロセスの方向を加速し促進するように作用し始める。あたかも対抗作用がその調節的働きを失い、そればかりかエネルギーさえなくしてしまったかのようになってしまう。拮抗する対抗作用が働かなくなったばかりか、そのエネルギーが意識的方向のエネルギーに加算されたような状態が生じるからである。こうなるともちろん、意識的な意図の遂行は楽になるが、抑止されるということがないために、全体性が損なわれるほどバランスを失した専行ぶりとなりかねない。たとえば人が何か大胆な主張をする場合、その対抗作用、つまり適切な疑問が抑圧されると、それだけおのれの主張に固執するようになり、結局は自分に害をきたす結果になるのである。

いとも気易く対抗作用を排除するということは、それだけ心の分裂をきたしやすいということで、文明人に特徴的な本能の衰弱もそこから来ている。もっとも本来の力をそのまま備えた衝動は、著しく社会的な適応をむずかしくするから、本能の衰弱は有用でもある。要するにこの場合は、本能の萎縮そのものなのではなく、比較的持続性のある馴致の産物にすぎないし、個人の重要な利害関係に益するところがなくなるほど永続きもしないだろう。

ニーチェの悲劇

ここで日常の臨床例を離れて、『ツァラトゥストラ』に見られるようなニーチェのケースを取り上げてみたい。ニーチェにおける「高次の人間」と「最も醜い人」の発見は、そのまま無意識的な調節に相当する。「高次の人間たち」はツァラトゥストラを昔ながらの平均的人間の世界にひき下ろそうとするし、「最も醜い人」に至っては、そのまま対抗作用の擬人化だからである。しかしツァラトゥストラの膝元から「モラルの獅子」はこれらの誘惑を、なかんずく同情を、「咆哮」によって退け、再び無意識の洞穴に追い込んでしまうのである。こうして調節作用は抑圧されてしまった。しかし無意識の対抗作用は密かに働き続けていたのであり、そのことはニーチェの書いたものから明らかに看て取ることができる。まず初めにニーチェはヴァーグナーの中に敵対者を求めた。その『パルツィファル』をニーチェは許すことができなかった。だがやがて、今度はキリスト教、特にパウロにあらゆる憎悪を振り向ける。パウロの身に起こったことはある面でニーチェの場合と似ているのである。知られるようにニーチェを襲った精神異常は[*1]、まず何よりも「十字架に架けられた者」およびひき裂かれたザグレウスとの同一視をもたらしたが、対抗作用はついにこのような破局の形で表面に湧出したのである。

もう一つの例は、あの古典的な皇帝妄想である。われわれは「ダニエル書」の第四章にその例を見ることができる。[*2]ネブカドネザル王は、あたかもその権勢が絶頂に達したとき、ある夢を見るが、その夢は、彼がおのれを抑遜できないときは不吉なことが起こると告げていた。預言者ダニエルは、夢判断の専門家としてこの夢を解釈してみせたが、もとより王の聞くところではなかった。しかしのちに起こったことは、ダニエルの解釈の正しかったことを証したのである。ネブカドネザルは、この夢のかたちで現れた無意識の調節力を抑圧したあとで、まさしく自分が逃れようとしたあの対抗作用の現れである精神異常に陥ってしまう。地上の王たる彼は、獣と化してしまったのである。

かつてある知人が私に、山の天辺から空中へ歩み出す夢を見たと語ったことがある。私はその人に、無意識の影響力についていささか説明してから、あまり危険な山登りは今後やめるよう警告した。彼は登山が殊のほか好きだったのである。彼は一笑に付したが、その結果は、実際何箇月か後、宙に足を踏み出して墜落死することになった。

こうしたことは、およそさまざまなかたちで常住起こっているのであり、それを経験した人はいやでも考え込まざるをえない。考えてみれば、いかに調節的な力というものが看過ごされやすいかわかるだろう。だからこそ、われわれの精神的な、また肉体的な健康にとって必要なこの無意識の調節作用を見逃さないよう努めねばならないだろう。そこで人は自己観察や自己批判に助けを借りようとする。しかし単なる自己観察や知的な自己分析は、無意識との接触を図る手段としては十分でない。人間は厭な体験もせずにすませるわけではないが、進んでしようとする人間はない。特に、そうした体験を回避できる可能性をどこかに見つけたと思えば、なおさらである。不快なものはできるだけ避けようとするこの傾向は、すこぶる正当なものと言える。調節作用の影響力について知っていれば、実際に多くの場合、いりもしない厭な体験をせずにすませる。特に魅力があるわけでもなく、荊棘に苦しむばかりの回り道は、なにも辿る必要がない。ただわれわれは、人跡なき未知の土地の迂路と迷路を耐え忍べばよいのである。人の住む土地で、大道を辿って迷誤に行き着くのでは腹立たしいばかりである。そうしないですませるには、調節機能について知ればよい。そこで問題は、われわれに無意識の認識を得させてくれる道と可能性はどこにあるかということになる。

2——実践的方法

空想を書き留める

自由に想像が生み出されないならば、人為の助けを借りるにしくはない。こうした助けを借りたくなるのは、たいていこれといった原因の見当たらない抑鬱症、その他の情動障害の場合である。もちろん合理的な原因なら山ほどあって、天気の悪いことさえ原因にされかねない。だがこうした原因はいずれもいっこう説明としては不十分である。こういう症状の因果的な説明というものは、局外者を納得させるだけにすぎず、それも十分にとはいかないのである。局外者はもっぱら因果関係を求め、ある程度それが得られれば満足してしまう。事態がどこから生じ来たったのかがわかればそれでよい。抑鬱の中に潜んでいて、当人に迫ってくる要求を感得しないからである。当の人間にしてみれば、どこから来たかの問題よりも、これは何のためなのか、どうすれば免れるのか、という問題にこそ答えがほしいのである。実は情動障害の激しさそのものに価値がある。すなわち、当人が適応力の減衰した現状を改善するために、思いのままに用いるべきエネルギーがここにあるのである。したがってこの状態を抑圧だとか、合理的に価値がないとか言っていたのでは何も得られない。

あるべき場所にないこのエネルギーをわがものとするには、情動の現状を一連の処置のベースないしは出発点にするのがよい。この気分のありようをできるだけ意識化することである。それにはまずその中に思量を捨てて沈潜し、浮かび上がってくる空想やもろもろの連想をはっきり書き留めるようにする。空想の翼を自由に解き放ってやるわけだが、かといって空想が、情動という対象の周囲から飛び去って、次から次へと果てしもなく連想を繰り広げていくのでは困る。このいわゆる「自由連想」は、対象から飛び去って、どんなコンプレクスにでも行き着くものだが、さてそのコンプレクスがはたして当の情動と関係があるのか、その情動の単なる任意の置き換えではないのかということになると、確証は何もないのである。さて、この作業からかなり十全な気分の表現が得られるが、ここにはその気分変調の内容が具体的あるいは象徴的にほぼ全面的に再現されている。この気分変調は意識によって作り出されたものではなく、無意識の側からの招かざる干渉であるから、こうして得られたその表現は、いわばこの気分変調に潜んでいる無意識の内容と傾向そのものの姿と言ってよい。この手続きはいってみれば情緒の濃縮、明確化であって、これによってその情緒とその内容は意識に近づけられるのである。この作業を成し遂げるだけで既に、賦活的な好結果をもたらすことさえある。いずれにせよこれによって新しい状況が作り出され、それまでは孤立していた情動が多少とも明瞭で節目のはっきりしたイメージとなり、意識の側もこれを迎え統合するようになる。こうして超越機能の端緒が作られ、無意識の項目と意識の項目との協働が始まる。

絵を描く

ところで情動障害は、別の方法でも、知的な照明を当てるまでにはいかないにせよ、せめて目に見えるかたちにはすることができる。患者がなんらかの画才を持っている場合、情動を絵のかたちで表現できるのである。その絵が技法や美的観点から言って、うまく描けているのかどうかは問題ではない。空想が自由に働く場となっていればそれでよいので、あとは画ができる限り入念に描かれていればよい。原理上はこの手法は先に述べた手続きと同じことである。この場合でも無意識と意識双方の影響を受けた産物が生み出されるわけで、それは光を求める無意識の努力と、実質を求める意識のそれを、共同の所産の内に具現している。

リビドーを内向させる

ところでなかには、これといったはっきりした情動変調がなく、ただなんとなくうっとうしい、摑みどころのない不快感しかないケースもままある。あるのはただ、あらゆるものに反抗したい感情であり、一種の倦怠感、得体の知れぬ嘔吐感、説明のしようがない虚無感といったものである。こうしたケースではこれといった糸口が摑めない。糸口そのものを作らねばならないだろう。ここで必要なのはリビドーの思いきった内向である。それには外的な条件も整えられた方がよいので、完全な安静時、とりわけ夜が望ましいのは、夜はただでさえリビドーが内向しやすいからである。「いまは夜――湧き出づる泉のみこそ語るなれ、わが心また湧き出づる泉なり」とニーチェも言っている。[*3]

批判的な注意力は閉め出さなければならない。そして視覚的な想像力に恵まれた人は、何かある内的なイメージが醸し出されてき始めはしないかと、そこに期待を向けるようにする。すると普通はそうしたイメージ、たぶんは入眠時の空想像が浮かんでくるから、これを注意深く観察して、紙に書き留めるのである。聴覚的・言語的な素質の人は、内から声が聞こえてくるのが普通である。初めのうちそれは、一見意味のない断片的な文句にすぎないかもしれないが、これもやはり慎重に記録しておく。なかにはこうした瞬間に、ずばり自分の内なる「他者の」声を聞く人もある。自分の中に、自分の行状に審判を下す内なる批判者、裁判官を持っている人は少なくない。精神病者はこの声を、本物の幻聴として実際に聞くことがある。しかし正常人でも、ある程度内的生活を発達させると、この音なき声が容易に聞けるようになることがある。もっともこの声は名うての反抗児で荷厄介になるのがつねだから、抑圧されるのが普通だろう。ともあれこうした人たちは、無意識の素材との関係を作りやすく、したがって超越機能を作用させる前準備をするのもむずかしくない。

またなかには、内なるものを見たり聞いたりはできないが、手を使って無意識の内容を表現することのできる人たちもある。こうした患者たちは可塑性の物質を利用するのがよい。さらにこれは比較的少ないが、その運動能力によって、無意識を身体の動き、たとえばダンスで表現する人もいる。運動が固定できないのが難点だから、記憶から失われないように注意深く描き取っておかねばならない。もっと稀だが、やはり使えるものに自動書記がある。直接の筆記およびプランシェット[*4]を用いるものがあるが、この方法もまたかなり使いものになる結果をもたらしてくれる。

さてここで、では以上のいずれかの方法で得られた素材を、今度はどうすればよいのかという問題になる。この問題に対しては先験的な答えなどはない。意識が無意識の産物と対決して初めて、ある反応が生ずるが、これは一時的なものでありながら、それ以降のすべてを決定するのである。それについては臨床経験からしか手引きは得られない。私がこれまでに経験した限りでは、主として二つの異なった傾向が現れる。一つは形を形成する方向をとり、もう一つは理解への道を辿る。

造形と理解

形成の原理が優るときは、得られた素材は変形され拡大されるが、そのうちモティーフの凝縮が起こって、程度の差こそあれステロタイプなあれこれの象徴に辿りつく。それらの象徴は造形的な空想を喚起し、もっぱら美的なモティーフとして機能している。この傾向をつき詰めていけば、芸術的造形の問題に至るであろう。

それに対して理解の原理が強いときは、美的観点はさほど関心を惹かず、それどころかときとして邪魔もの扱いされることさえある。その代わりに無意識の産物の持っている意味内容と、知力を挙げて取り組もうとする態度が見られる。

美的造形の方が、モティーフの形相的な面にこだわるきらいがあるのに対して、理解に努める傾向の方は、しばしば素材のほんのちょっとした示唆を手がかりに、その意味を素早く把えようとする。そして慎重に形を作っていけば目に見えるようになるはずの要素には、目もくれない。

これら二つの方向とも、恣意的な意志によって生まれるものではなく、その人その人の個人的な資質によっておのずから決まってくる。どちらもそれぞれに危険を蔵しており、脇道に逸れ、誤りに陥る恐れがある。美的傾向の孕んでいる危険は、作り上げた形象の様式的な側面、ないしは「芸術的な」価値を過大に評価するあまり、リビドーが超越機能本来の目的から逸れて、純粋に美的・芸術的造形の問題に迷い込んでいってしまうことである。理解への努力の方は、もっぱら内容を重視してこれに知的な分析と解釈を加え、対象の、本質的にはそもそも象徴的なものでしかない性質をすっかり損なってしまう恐れがある。こうした脇道もしかしながら、ある地点までは踏み込まずにはすまされないというのも、それぞれの個人が美的要求か知的要求かいずれかを持っている以上、それを満足させてやらねばならないからである。だがこれら二つの脇道の孕んでいる危険性は、やはり強調しておかねばならない。というのも、心的発達がある地点に達してからは、それまであまりにも過小評価してきた無意識から作り出された形象を、今度は逆に度を失して過大評価するようになるのがつねだからである。この過小評価は、無意識の素材からの造形という営為にとって最大の障害の一つである。いったん過小評価が起こると、個人の創造物に対するきわめて集団的な過小評価が世に行われるようになる。集団的な規準に当てはまらないものは一切、善くもなければ美しくもないとされてしまう。確かに現代美術がこの点で補償の試みを始めてはいる。しかし足りないのは個人の創造物に対する集団的な承認などではない。それに対する主観的評価である。その意味内容を理解し、主体にとっての価値を把握することである。もっとも自己の作ったものに対する劣等感だけが一般的であるわけではない。その逆もまた稀ではないので、素朴で無批判な自信過剰が当然のように集団的な承認を求める図はどこにでも見られる。発端における障害となるような劣等感は、いったん克服されると、一転して同様はなはだしい自信過剰に陥りかねない。逆の場合には、初めの過大評価が、こんどは懐疑的になりその価値が信じられなくなる。この判断の誤りは、ただもう集合的な価値規準に照らして量ることしか知らなかったり、あるいは自我肥大のあまりそもそも判断力を失ったりする個人の自主性のなさと無自覚によるものである。

一方の傾向は他の傾向の調整原理であるかのように見える。両者は互いに補償し合う関係にある。経験からするとこう言うのが正しい。この時点でもっと一般的な結論が言えるとすれば、美的な造形は意味の理解を必要とし、理解は美的造形を必要とする。それによって二つの傾向は相補い合って超越機能を全うさせるのである。

無意識内容との出会い

二つの方向にあって、最初の一歩は同じ原理に従っている。すなわち意識は無意識内容からその表現手段を借りるということである。意識はそれ以上のものを与えようとしてはならない。無意識の内容を意識の方向に沿ってねじ曲げてしまう恐れがあるからである。内容と形式に関しては、無意識からやって来る着想にできる限り主導権を委ねるようにする。この状況は意識の立場にとっては苦痛とも思われる後退である。このことは無意識の内容の出現というものが、普通どういうものかを思ってみれば理解にかたくない。無意識内容は、意識の閾を越えるには本来弱すぎるか、なんらかの理由で意識とは両立しがたいために締め出されてきたものどもであって、その多くは、あるいは歓迎されざる、あるいは予想もしていない、非合理な内容であり、これが無視され、抑圧されてきたのもむべなるかなと思われる代物だからである。ただそのうちの稀なる一部は、集合的な見地から見て、あるいは主観的な立場から見て、並外れた価値を持っている。集合的には無価値な内容も、個人的な立場から見ると量り知れない価値を持っていることがある。このことはそれが伴う情動の強さで知ることができて、この情動を当の主体が肯定的なものと感じるか否定的なものと感じるかは関係ない。個人のみか社会も、その情動的な面に新しい未知の想念が迫ってきたときに、これをどう受け取るかは分かれるところである。この最初の段階の目的は、感情価を帯びた内容の発見にある。というのもそこにはつねに、意識の一面性が本能の領域の抵抗に出会ったという状況があるからである。

二つの道が分かれるのは、原則的には、ある人にとっては美的な観点が決定的なものとなり、他の人にとっては知的・道徳的な面が主導権を握るときからである。二つの可能性が相携えて並立するか、規則的に交替するなら理想的と言えよう。双方ながら他方なしにはありえないように思えるのだが、経験する限りでは、造形願望は意味などには目もくれずその対象をひっ摑み、理解衝動は初めから形を与えることなど念頭にない。無意識の内容はまず、はっきりした形で見られることを欲している。そのためにはこれに形を与えるしかない。それから始めて、もしもその言っているところが把握可能なものならば、判断を下してやらねばならない。だからこそすでにフロイトも、まず夢の内容に「自由連想」という形で語らせ、解釈はそのあとに回したのである。

どんな場合も夢内容の概念的な文脈を感得するだけですむとは限らない。なんとしても、不分明な内容を目に見える形象によってはっきりさせねばならないという場合もままある。これは絵や彫塑によってできる。ときには手が、頭にはいかに努力しても解けなかった謎を解くこともあるのだ。形を作っていくことによって、覚醒状態にありながら夢をさらに続けて詳細に見続けることになり、初めは把えがたいばらばらの偶然にすぎなかったものが、差し当たり主観には意識されないままに、全人格の圏内に統合されるのである。美的造形はそこまでで満足し、何か意味を発見しようとしたりはしない。ここからときに、患者に自分は芸術家――つまり埋もれた芸術家なのだという妄想が生じることがある。一方、慎重な造形を欠いた理解衝動の方は、生《なま》の着想から出発するため、確固たる基盤を欠くことになる。しかし形象化された所産から始めた方が、何がしかの成果が見込まれる。出発点となる素材が成形不十分のものであれば、理解が経験上の所与によるよりも、理論や道徳の先入見によって規定されてしまう危険は大きくなる。この段階での理解は、元の着想の中に仮説として含まれていたと思われる意味の、忠実な構築にあるのである。

このような手順が妥当性をもって踏まれるには、それに十分な動機がなければならない。

そこで無意識に指揮を委ねるといっても、無意識の中に指揮を執る意志が生動している場合に限られるのである。だがこれは、意識がなんらかの点で窮境にあるときにのみそうであるにすぎない。無意識の内容を形あるものにし、その形づくられたものの意味を理解することに成功したとき、では自我はかかる事態に対してどうふるまえばよいかという問題が出てくる。ここにおいて自我と無意識との対決が生じる。これがこの一連の手順、すなわち相対立するものをつき合わせ、第三のものを生み出すという超越機能の、第二のより重要な段階なのである。ここにさしかかると、主導権はもはや無意識にではなく、自我の方にある。

自我による無意識との対決

ここで個人の自我とは何ぞやと、定義するのはやめておいて、幼年時代以来その存在がはっきりしている意識の持続する中心という、平凡な現実の姿そのままに受け取っておこう。この自我に、ある心的事実が相対する。それは、おのれの存在をもっぱら無意識の営為に負うており、それゆえに自我およびその傾向に対して何がしかの対立関係にある心的所産である。

この観点は、およそ無意識との対決に際して忘れてはならない。自我は無意識に対しては等価のものであり、その逆も真であることを銘記すべきである。これは必要な警告でもあって、それというのも文明化した人間の意識が、無意識に対してこれを制限する働きを及ぼしてきたちょうどその分だけ、今度は再認識された無意識が、自我に対してまさに危険な作用を及ぼすことがしばしばあるからである。自我がこれまで無意識を抑圧していたように、解き放たれた無意識は自我を脇に押し除《の》け、圧倒しかねない。危険は自我が「度を失って」しまうことにある。つまり情動的なファクターがどっと押し寄せてきたときに、もはや自分の存在を防御できないわけだが、これは精神分裂病の初期によく見られる状況である。この危険は、もしも無意識との対決によって情動のダイナミズムを剝奪することができたなら生じることはないだろうし、生じたところで程度は軽くてすむであろう。また、対峙する相手に例の美的処置あるいは知的処置を加えることも、情動のダイナミズムを殺《そ》ぐことになる。しかし無意識との対決は全面的なものでなくてはならない。超越機能は何がしかの制限下で進行して差し支えないような部分的過程ではなく、全体的営為であって、あらゆる様相が含まれている、というよりも含まれていなければならないからである。そこで情動もまた、その持てる価値をいささかも損なうことなく組み入れられねばならない。美的処置も知的処置も、情動の脅威に対しては確かに頼もしい武器ではあるが、脅威が活潑なときにのみ用いるべきであって、課せられた義務を手抜きするために用いてはならない。

これはフロイトの基本的な洞察に負うところだが、神経症の治療に当たっては、情動的要素の存在を十二分に考慮に入れねばならない。ということは、人格というものは一個の全体としてまじめに受け取られねばならないということで、これは治療の際の双方に、患者にも医者にも当てはまることである。医者がどんなに理論の蔭に隠れようとしても、やはりその場その場で裁量を必要とする問題が残る。いずれにせよ神経症の治療は心の温泉療法なんぞではなく、人格の更新再生であって、それだけに生のあらゆる領域にわたる全面的な作業なのである。心の中の対立要素と対決することは真剣勝負であり、ときにそれが左右するところはきわめて大きい。自分の内なる他の一面をまじめに扱うことがこの対決に当たってぜひとも必要である。そうして初めて、調整機能を持つ要素が治療の場に効果をもたらす。まじめに受け取るとは、言葉通りに受け取ることではない。そうではなく、無意識にも信用を分かち与えることであって、そうしてやれば無意識にも、ただわけもなく意識を妨げるばかりでなく、意識と連合する道が開けるのである。

他者の言い分を認めること

こうすれば、この対決において自我の立場が正当なものとなるばかりでなく、無意識もまたしかるべき権威を与えられることになる。この対決はいかにも自我によって導かれるものには違いないが、無意識の方にも、他の側もまた聴かるべきなり（audiatur et altera pars）で、言い分の発言が許されるのである。

こうした対決がどのように実際行われるものかは、「他の側面の」声が程度の差はあれよく聴き取れるケースを見れば、一番よくわかる。こうした人たちにあっては、この「他者の」声を紙に書き留め、その言い分に自我の立場から答えることが、技術的にいともたやすい。そのさまはさながら、二人の対等な人物の間で対話が交わされているようである。お互いに相手の言い分に正当な根拠があるとし、それゆえに努力を惜しまず相手の立場というものを、徹底的な比較考量と議論によって、あるいは同化し、あるいははっきり弁別しようとする。しかし和解への道がすぐに開かれることは稀であって、両者とも相当の犠牲を強いられる葛藤を長期にわたって耐え忍ばねばならないのが普通である。これと同じ対決が、同様に医者と患者の間でも生じうるが、その際医者の側は、えてして悪魔の代理人（advocatus diaboli）の役を振り当てられやすい。

そもそも他人の言い分を認めてやる能力が人間にはいかに欠けているかは、見ていて驚くほかない。そのくせこの能力こそ、どんな人間社会にあっても欠くことのできない根本条件なのである。この一般に見られるむずかしさを、自分自身との対決をもくろむ人はよくよく考慮に入れておかねばならない。他人の言い分を認めないその分だけ、自分の内なる「他者」にも存在権を認めないことになるのであり、その逆もまた正しい。内なる対話の能力は、外での客観性の尺度である。

内なる他者と対話が成り立つ場合には、対決も容易と言えるかもしれないが、視覚的なイメージしかないケースにあっては、間違いなくことははるかに複雑である。図像は、これを理解できるものには雄弁な言葉を伝えても、理解できない者にとっては石の地蔵にも等しい。こうした形象に対しては、自我がイニシアティヴを握って、「この図は私に何を働きかけているのだろうか」と自問しなければならない。このファウスト的な質問が、ひらめくような答えをひき出すことがある。その答えは、直接的で自然なものであるほど価値がある。直接性と自然さは、反応がほぼ全体的なものであることを語っているからである。その際必ずしもこの対決の一部始終が意識化される必要はない。トータルな反応というものは、これを迎える人間の側に、それを明確に把握できるために必要な理論的前提や、既成のものの観方や概念といったものの持ち合わせがないのがしばしばだからである。こんな場合は、これらに代えてもの言わぬ、しかし予感に満ちた感情だけで満足しなければならない。この感情には小利口なおしゃべりよりも価値があるのだから。

寄せては返す議論と情動のこの行き交いが、対立する二要素の間に超越機能が働いていることを現している。二つの立場の対立は、両者の間にエネルギーを孕んだ緊張があるということで、この緊張が生動する第三のものを生み出すのである。それは、第三項は与えられず (tertium non datur) という排中律の死産児などではなく、対立による停止状態からの再始動であり、生気溢れる誕生であって、それによって次なる段階の生き方が導かれ、新しい状況が開かれるのである。超越機能は、対立物の接近という特性をもって現れる。両者が互いに距離を保っている限りは——もちろん葛藤を避けるために——両者の間に超越機能は働かず、死んだような静止状態があるのみである。

それぞれの個人にあって、対立する二者が何々に見えようと、根本のところではつねに、道に迷い、頑迷に陥った意識の一面性が、本能的な自由と全体性のイメージにぶつかっているのである。これはさながら原人や未開人に出会ったようなもので、彼らは一方で一見自由奔放な本能世界を持ちながら、他方で多くの誤解に包まれた精神的観念の世界を持っているが、こうした彼らの姿が、われわれの一面性を補償し訂正しながら幽暗の中から浮かび出てきて、どの点でいかにわれわれが本来のあり方から逸れ、心の奇型となっているかを教えてくれるのである。

自己解放の道

私はここで、超越機能の外面的な様態と可能性を述べることで満足するしかない。さらにいっそう重要な課題は、超越機能の内容を語ることであろう。この点に関しては既に確かにかなりの材料はあるものの、それを叙述するとなると、まださまざまな困難が克服されねばならない。これらの内容をわかりやすく目に見えるように述べるためには、一般に通用する概念的な基礎が築かれなければならないが、それにはまだ一連の予備作業が必要である。残念ながら私がこれまで体験してきたところでは、知識教養のある読者も、こうした心理学的な考察や叙述となると、すぐに呑み込めるまでには至っていない。つねに個人的な心のあり方や哲学的・知的な先入見が邪魔をするため、心の諸現象が持っている意味合いを十分に汲み取って理解することができないのである。個人的なものが入ってくると判断は主観的になり、自分には当てはまりそうもないことや知りたくないことはすべて、ありえないとされてしまう。だからそういう人は、自分にとって当てはまることが、違う心性を持った他の人間には、場合によってはまったく当てはまらないということが、どうしても理解できない。どのようなケースにも広く妥当するような説明原理を手に入れるには、道は遥かに遠いのである。

心理の理解を妨げる大なるものの一つが、何であれ心理的事象を前にすると、すぐにそれは「ほんとうか」とか「正しいか」とか余計な差し出口をしたがる根性である。叙述が歪曲ないしは捏造したものでない限り、述べられた事態はそのまま有効であり、その事態が現にあるということによって妥当性が証せられている。カモノハシは創造者の意志の「ほんとうの」発明だったり「正しい」発明だったりするだろうか。それと同様に、神話のさまざまな想念が心というものが生きるうえに果たしている役割に対する偏見もまた、子供じみている。それらは「ほんとう」でないから、科学的な根拠がないなどと言う人がいる。神話の要素は現にあるのである。それらが表面語っているところが、われわれの「真実」という、その世界には当てはまらない概念ではカバーできないだけである。

対立するものとの対決が全体的性質のものである以上、そこからは何一つ閉め出されてはいない。たとえ意識されているのは断片にすぎなくとも、一切がこの対決の場に参じている。意識はそれまで意識されなかった内容に相対することによって、絶えず拡大される。あるいはより正確には、それを自ら統合しようと努めるなら、拡大されるであろう。もちろん、つねにそういくとは限らない。問題の所在を理解するだけの知性はありながら、勇気と自信に欠けたりする。進んで努力するには、精神的、倫理的に怠惰であったり怯懦であったりする。しかし必要な前提条件のあるところ、超越機能は単に医者による精神療法を補って効果があるばかりでなく、患者にも並々ならぬ利点をもたらしてくれる。患者はそのおかげで医者の努力に進んで自らも力を添え、それに応じてこれまでのように医者とその能力に、ときには卑下するまでに、依存したりせずにすむようになる。それは、自らの努力でおのれを解放し、自分自身への勇気を見出す道なのである。

注

〔　〕内は補記および訳注

分析心理学と文芸作品の関係

＊1――一九二二年五月、チューリヒのドイツ語学文学協会における講演。『知と生』（チューリヒ、一九二二年九月）〔エルマティンガー編のスイスの文芸雑誌〕に掲載。のちユング『現代人の魂の問題』所収。

心理学と文学

＊1――初出はエーミール・エルマティンガー編の単行本『文芸学の哲学』、ベルリン、一九三〇年。多少の加筆訂正を加えて、ユング『無意識の創造』（チューリヒ、一九五〇年）所収。「前書き」の草稿は遺稿から発見され、ここに初めて公表される。文体から見て講演と思われるが詳細はわからない。

＊2――〔Eduard von Hartmann　一八四二―一九〇六年。ドイツの哲学者。『無意識の哲学』によって初めて無意識の多様な現れを論じ、現代心理学の先駆者となった〕

＊3――〔Carl Gustav Carus　一七八九―一八六九年。ドイツの医師、哲学者で、ロマン派の画家

としても著名。『プシュケー』でユングに先駆けて集合的無意識の存在を説いた〕
＊4——〔『善悪の彼岸』第一章二三に、「……心理学は再び諸学の女王と認められ、その他の学問はこの女王に奉仕し、これを準備するためにある……」とある〕
＊5——〔ヘルメス・トリスメギストスの啓示とされる「ヘルメス文書」冒頭第一の書。紀元前三—後三世紀頃エジプトで書かれたとされる。ポイマンドレスとは「太陽（神）の叡知」の意。世界と人間の創造を説き、グノーシス（知識）による不死と救済を教える。荒井献・柴田有訳『ヘルメス文書』、朝日出版社所収〕
＊6——〔使徒教父の一人ヘルマスによって一四〇年頃ローマで書かれたとされる、幻視と啓示から成る信仰告白の書。ユングの『タイプ論』（林道義訳、みすず書房、二四三ページ以下）に内容と分析が記されている〕
＊7——これについては拙著『現代史論集』六ページ参照。〔松代洋一訳『現在と未来——ユングの文明論』、平凡社ライブラリー、所収「ヴォータン」〕
＊8——〔Carl Spitteler 一八四五—一九二四年。スイスのノーベル賞作家。前記『タイプ論』に長編『プロメテウスとエピメテウス』の分析がある〕
＊9——最近リンダ・フィーアツ＝ダーフィトによって分析心理学の観点から考究されている。〔*Der Liebestraum des Poliphilo*, Rhein-Verlag, 1947. 著者はユングの弟子の一人。なお澁

澤龍彦『胡桃の中の世界』所収「ポリフィルス狂恋夢」にこの作品の大概を見ることができる〕

＊10――べーメについては「個性化過程の体験について」、のちに『心理学と錬金術』所収にいくつかの引用がある。

＊11――アニエラ・ヤッフェの詳細な研究「E・T・A・ホフマンのメルヒェン『黄金の壺』におけるイメージと象徴」参照。

＊12――〔野村太郎訳『対極』、法政大学出版局〕

＊13――〔Gustav Meyrink　一八六八―一九三二年。『ゴーレム』で知られるオーストリアの怪奇作家。『緑の顔』はさまよえるユダヤ人アハシュエロス伝説を扱った作品〕

＊14――〔Bruno Goetz　一八八五―一九五四年。リガ生まれのドイツの作家。神秘主義的傾向を持つ小説評論がある。幻想的長編小説『領土なき王国』はフォン・フランツが『永遠の少年』の補説として詳細に分析している〕

＊15――〔Ernst Barlach　一八七〇―一九三八年。宗教色の強いドイツの劇作家。表現主義の彫刻、絵画でも知られる。『死せる日』は処女作〕

＊16――これについてはジェイムズ・ジョイスの『ユリシーズ』のような作品を考えてみればよい。これはそのニヒリスティックな人格崩壊にもかかわらず、むしろそれゆえに意味深長な深

さを持っている。〔ユング著作集第三巻『心の構造』所収、江野専次郎訳「ユリシーズ」参照〕

＊17――〔『ユング自伝』2、一二ページ参照〕

＊18――『告白』第九巻第一〇章。〔中央公論社版、山田晶訳による。ただし、文字遣いを若干改めた〕

＊19――〔現象界に対するイデアの世界を意味するグノーシス派の用語。原意は「充満」〕

＊20――ブルーノ・グートマン編『ジャッカ族の教え』は三巻、一九七五ページに及ぶ。

＊21――アルベルト・ブレンナー宛書簡。

＊22――これを書いたのは一九二九年である。

＊23――最初の散文作品の方である。〔シュピッテラーには散文の『プロメテウスとエピメテウス』（一八八一年）のほかに長編詩『忍耐者プロメテウス』（一九二四年）がある〕

＊24――『タイプ論』参照。〔第五章の大半がシュピッテラーの作品の分析に当てられている〕

＊25――フロイト「W・イェンゼンの小説『グラディーヴァ』に見られる妄想と夢」〔人文書院版著作集第三巻所収〕参照。

＊26――『プシュケー』、一五八ページ。〔前注＊3参照〕

＊27――ファウストとメフィストフェレスの両者が二重隕石として地上に落ちたというエッカーマ

ンの夢は、ディオスクロイの双子のモティーフを思わせ〔拙著「再生について」および『無意識の形象』の中の友人のカップルのモティーフ参照〕、ゲーテの心のある本質的特性を説明している。ここで実に目覚ましい点は、メフィストフェレスのうきうきした小さな角の生えた姿は〔錬金術的形姿の最も主だった〕メルクリウスを思わせるというエッカーマンの所感である。この観察はゲーテのこの主著の錬金術的な性質と精髄にまことによく一致している（エッカーマンの対話のこの箇所を私に思い出させてくれたのは同僚W・クランフェルトである）。

＊28――このモティーフについてはカール・ケレーニイ『神の医者』、八四ページ参照。

エディプス・コンプレクス

＊1――これは一九一二年にニューヨーク、フォーダム大学で行われた連続講演、「精神分析理論概説の試み」の第六回講演である。

＊2――〔野村美紀子訳『象徴の変容』、筑摩書房〕

＊3――特にシュテーケルがこの見解を強く表明している。

超越機能

＊1――〔「大いなる猟師」の意で、ディオニュソスを指す。発狂したニーチェは、自らをキリストになぞらえ、またディオニュソスとも署名した〕

＊2――〔「ダニエル書」四：七以下のネブカドネザル第二の夢を指す。ユング『分析心理学』小川捷之訳、みすず書房、一六九ページ参照〕

＊3――〔『ツァラトゥストラ』第二部「夜の歌」〕

＊4――〔一八五三年フランスで当時流行のスピリチュアリズムの波に乗って復活した古くからの自動書記具。掌大の板に三本脚を付け、二本は回転式の車、一本は筆記具にしておき、この上に手を乗せて自動書記が始まるのを待つ〕

ユング年譜

編＝松代洋一

一八七五年（明治八年）

●――七月二六日、スイス、ボーデン湖畔ケスヴィルに生まれる。父ヨーハン・パウル・アキレス・ユング（一八四二－九六年）は改革派の牧師。祖父カール・グスタフ・ユング（一七九四－一八六四年）はバーゼル大学の医学教授であり、外科・内科医としてバーゼルの名士であった。母エミーリエ・プライスヴェルク（一八四八－一九二三年）の父親はバーゼルの牧師でヘブライ語をよくした。なお父ヨーハンの兄弟二人も牧師であり、母の一族にも六人の牧師がいた。

●――生後六箇月の頃、一家はラインの滝に近いラウフェンに移る。ユングの最も古い記憶は、二、三歳の頃に見たこの地方の田園風景であった。

一八七九年（明治一二年）――――四歳

●――最初の記憶に残る夢、地下の黄金の玉座に据えられた巨大な男根の夢を見る。この体験は暗黒の世界へのイニシエーションであり、このときから無意識裡に知的生活が始まったとユングはみなしている。

一八八一年〔明治一四年〕――――六歳

●――バーゼル郊外の村、ライン河に面したクライン・ヒューニンゲンに移る。

●――学校に通い始める。家では父にラテン語を学ぶ。九つ違いの妹が生まれるまでは学校以外に友達もなく、孤独感のうちに幼年時代を過ごす。

●――一〇歳頃までの思い出――学校仲間とは火遊びを好み、火を守る役に喜びを覚える。ひとり気に入りの石の上に坐って、自分が石で、その上に彼が坐っているのではないかという疑念に囚われる。また屋根裏に秘密の人形を祀る儀式を繰り返す。

一八八六年〔明治一九年〕――――一一歳

●――バーゼルのギムナジウムに通い始める。数学になじめず、図画と体操を免除されて敗北感と猶予された自由を味わう。

一八八七年〔明治二〇年〕――――一二歳

●――学友に突きとばされて転倒、軽い失神状態になる。この事件にギムナジウムへの嫌悪感が便乗してその後たびたび発作を起こし学校を休む。休学が半年に及んだとき、父が自分の将来を心配するさまを立ち聞きして奮起、強引な勉強で発作を克服する。以来、ときには早朝三時から七時まで登校前の勉強に当てるようになる。

●――最初の記憶に残る幻視――バーゼル大聖堂の屋根に、はるか上空の玉座に坐った神が排泄物を落としてこれを粉みじんに砕く。伝統に囚われない人間の意志と自由も神の意志によるものであることを考える。

一八九〇年〔明治二三年〕――――一五歳

●――聖餐式に臨んで失望し、神について深い懐疑に陥る。

●――母の無意識裡の示唆によって『ファウスト』を読み始める。悪についての思索が始まる。

●――一六歳から一九歳にかけて、哲学書を系統的に読む。ピュタゴラス、ヘラクレイトス、エンペドクレス、プラトンを好み、ショーペンハウアーとカントに行き着く。またなけなしの金でエラスムスの古本を買う。そこに記されていたデルポイの神託「呼び出そうと呼び出すまいと神は臨在す」は後年自宅の玄関に刻まれることになる。

一八九五年〔明治二八年〕――――二〇歳

●――バーゼル大学入学。動物・地質学などの自然科学に惹かれる一方、比較宗教史に関するギリシア、ローマ、エジプト、有史以前の考古学にも魅せられたが、最後に医学を選ぶ。その歴史好きは、当時のバーゼル大学が擁していたヤーコプ・ブルクハルトの影響かとも思われる。

一八九六年〔明治二九年〕――――二一歳

●——父の死。そのために窮乏の学生生活を送ることになる。

一八九八年（明治三一年）————二三歳

●——夏休み、食堂のテーブルが大音響とともに裂けたり、戸棚の中のパンナイフが轟音を立てて砕けたりする事件が起こる。

●——秋、一五歳六箇月の少女の霊媒（ユングの母方のいとこ）による交霊会に参加、二年間実験を続ける。

●——年末、フロイトの『夢判断』が刊行される。

一九〇〇年（明治三三年）————二五歳

●——クラフト＝エービングの『精神医学教科書』を読み、年来の関心事である自然と精神との探究が合致するところを精神医学に発見する。

●——バーゼル大学卒業。国家試験合格後、ただちにチューリヒ大学付属ブルクヘルツリ精神病院に助手として赴任する。院長はオイゲン・ブロイラー。

一九〇二年（明治三五年）————二七歳

●——『いわゆるオカルトな現象の心理学と病理学』刊行。一八九八年以来の霊媒研究を卒業論文にまとめたもので、この刊本によりチューリヒ大学から博士号を得る。なおこの論文で既にフロイトのヒステリー論への言及がある。

●――翌年にかけての冬学期、パリのサルペトリエールでピエール・ジャネの精神病理学理論を聴講する。

一九〇三年〔明治三六年〕――二八歳

●――二月、エンマ・ラウシェンバッハと結婚（二人の間には一男四女が生まれている）。ブルクヘルツリ精神病院の中翼二階に移り住む。一階にはブロイラー一家が住んでいた。

●――この年『夢判断』を再読。フランシス・ゴルトンの連想実験をヒントにした言語連想実験で得られる抑圧のメカニズムとフロイト理論との共通点を見出す。

●――ブルクヘルツリ精神病院の医局員となる。

一九〇四年〔明治三七年〕――二九歳

●――ドイツからもたらされたヴントの心理学実験室の情報をもとに、翌年にかけて病院内に実験精神病理学の実験室を設ける。仲間にフランツ・リクリンやルートヴィヒ・ビンスヴァンガーがいる。またアメリカからの留学生もいたため、実験成果はアメリカでも有名になる。感情価を荷った「コンプレクス」の概念はこの言語連想実験から生まれた。

●――この年の秋からフロイトとブロイラーの間で文通が始まる。

一九〇五年〔明治三八年〕――三〇歳

●――ブルクヘルツリ病院の医長となり、チューリヒ大学医学部の私講師となる。

●——フロイトの「あるヒステリー分析の覚書」と自分の強迫神経症の治療例の比較考「精神分析と連想実験」を書く（翌年刊行）。

一九〇六年〈明治三九年〉——三一歳

●——『ミュンヒェン医学週報』に「フロイトのヒステリー学説」を発表、当時学界で排斥されていたフロイトを弁護する。

●——『診断学的連想研究』を出版、フロイトにも贈呈するが、フロイトは早く読みたいあまり届く前に自分で買い求めている。フロイトは『神経症理論に関する小論集』第一巻をユングに贈り、また講義で初めてユング（およびアードラー）の仕事に言及、ここに二人の間の文通が始まる。

一九〇七年〈明治四〇年〉——三二歳

●——『早発性痴呆症の心理学』を刊行、その序文でフロイトの功績を無視すべきでないことを説くとともに、性のみを重視するフロイトの立場に同調できないことを明記する。

●——三月三日（日曜日）、初めてフロイトをウィーンの自宅に訪ね、午前一〇時から一三時間にわたってほとんど休みなく語り合う。妻とルートヴィヒ・ビンスヴァンガーが同行、六日の水曜会にもビンスヴァンガーとともに出席する。

一九〇八年〈明治四一年〉——三三歳

●――アーネスト・ジョーンズの提唱を受けて、ザルツブルクで「フロイト心理学のための会議」を組織する。参加者四二名の国際的会議で、事実上第一回「国際精神分析学大会」となるが、フロイトの名を冠したことでブロイラーの不興を買う。席上刊行の決まった『精神分析学精神病理学研究年報』の編集を引き受ける。監修はフロイトおよびブロイラー。

一九〇九年〔明治四二年〕――三四歳

●――個人患者が増えたため、ブルクヘルツリ病院の医長を辞し、前年キュスナハトに建てた自宅に移る。

●――ウィーンにフロイトを再訪する。予知および超心理学現象に関する質問をフロイトが拒んだとき、本箱の中で爆音が起こり、それを外在化現象の例であると説明してフロイトの驚愕と不信を招く。

●――八月、フロイト、フェレンツィとともにアメリカ、マサチューセッツ州のクラーク大学に講義に赴く。旅のあいだ互いの夢を分析し合うが、フロイトの態度が十分にオープンでないことに気づく一方、「普遍的無意識」の概念のきっかけを摑み、帰国後神話学に熱中することになる。また、死体の話の最中、フロイトはそれを自分の死の暗示と受け取り、発作を起こし失神する。クラーク大学の講義にフロイトを聴きにきたウィリアム・ジェイムズと近づきになる。終了後二人に名誉博士号が授与される。フロイト、ブロイラー監修『精神分析学精神病理学研究年報』第一巻を編集刊行する。

一九一〇年（明治四三年）――――三五歳

●――ニュルンベルクにおける第二回国際精神分析学大会の手配を行う。大会上、国際精神分析学会が創設され会長に就任する。これは斯学をウィーンのユダヤ人グループから広く世に出そうとするフロイトの意向による。同時に新設の『協会通信』の編集人となる。フロイトはこれに不満のアードラーとシュテーケルを共同編集者として、別に月刊『精神分析学中央誌』を主宰する。またフロイトはブロイラーの脱退を引き止めるため彼と会談する。

一九一一年（明治四四年）――――三六歳

●――フロイトがキュスナハトの自宅に逗留し、そこからヴァイマルの第三回国際大会に赴く。大会では神経症患者と未開人に共通して見られる幻視について講演する。

●――アードラーがフロイトと訣別する。

一九一二年（明治四五年）――――三七歳

●――『リビドーの変容と象徴』を刊行する。フロイトへの寄贈本の扉に記された献辞「教師にして師匠なる人の足下へ、不服従の、しかし感恩の弟子より」。

●——ニューヨーク市フォーダム大学ほかで講義講演を行う。このためこの年国際大会は開かれなかったが、ミュンヒェンで主要メンバーが会合する。席上ユングの発言中フロイトが失神する。

●——シュテーケルとフロイトとの紛争が激しくなる。

一九一三年〔大正二年〕————三八歳

●——フロイトから訣別状を受ける。一月三日付「私たちの私的関係そのものを解消することを提案します」。一月六日付返信「個人関係を解消したいというお望みに従います。友情を押しつけるつもりは毛頭ありませんから」。

●——ラヴェンナへ旅する。

●——チューリヒ大学の私講師を辞任する。教授への平坦な道を捨て内面との対決を決意。

●——イギリスで講演を行う。「精神分析」に代えて「分析心理学」の語を初めて使う。

●——ミュンヒェンで第四回国際大会を開き会長に再選される。大会では「心理学的類型の問題」を講演。『年報』の編集長を辞任する。

一九一四年〔大正三年〕————三九歳

●——前年から始まった自己の無意識からのイメージの奔出に心を奪われて、前後三年にわたって科学的な本から離れる。

●——前年より洪水の白昼夢や北極の寒波が南下して世界を凍らせる夢を再三見る（第一次世界大戦勃発）。軍医大尉として軍務に服する。

●——国際精神分析学協会の会長を辞任する。

●——スコットランドのイギリス医学協会で講演。

一九一六年（大正五年）——四一歳

●——家の中に霊の満ちるのを感じる。『死者との七つの語らい』を書き私家版として友人に配る。初めて無意識裡に曼陀羅図を描く。

●——チューリヒでの講演「無意識の構造」がフランス語で発表される。この中で初めて「集合的心」、「個人的無意識」、「集合的無意識」、「ペルソナ」、「アニマ」、「アニムス」、「イマゴ」、「個性化」の概念を用いる（二八年刊『自我と無意識の関係』の原テクスト）。

●——チューリヒ心理学クラブ設立される。

一九一七年（大正六年）——四二歳

●——『無意識過程の心理学』を刊行。これはのち増補改訂して『無意識の心理学』（一九四三年）となる。

一九一八年（大正七年）——四三歳

●——「本能と無意識」を発表。初めて「元型」の概念を用いる。

●――翌年にかけてシャトー・ド・エーの戦時抑留者イギリス人キャンプで軍医大尉として指揮官を務める。毎朝のように多数の曼陀羅を描く。やがて曼陀羅の意味を理解し始め、二〇年頃には「自己（ゼルプスト）」の概念に思い至る。またこの頃からグノーシス派の研究に取り組む。

一九二〇年〔大正九年〕――――四五歳

●――商用でチュニスへ行く友人に同行してアルジェリア、チュニジアを旅する。

一九二一年〔大正一〇年〕――――四六歳

●――この頃ヘルマン・カイザーリングの「叡智の学校」で、中国から帰国したリヒァルト・ヴィルヘルムに会い、チューリヒ心理学クラブに招いて易の講演を聴く。

●――『心理学的類型』を刊行する。フロイト、アードラーとの立場の違いを解明するために着手された仕事だったが、意識と外界との関係を究明し、古代・中世から現代の精神史に及ぶ浩瀚な労作となる。

一九二二年〔大正一一年〕――――四七歳

●――チューリヒ湖畔のボリンゲンに別荘の土地を購う。「分析心理学と文芸作品の関係」を発表。

●――母の死を暗示する夢を見る。

一九二三年（大正一二年）——四八歳

●——母エミーリエ死す。ボリンゲンに円型の石造家屋「塔」を建てる。二人の石工を師匠に、自ら石を截り積みしての作業はこの後四回にわたって繰り返され、五五年に完成する。完成後、一連の増・改築が個性化過程の象徴であったことに気づく。

一九二四年（大正一三年）——四九歳

●——翌年にかけてアメリカへ旅し、ニューメキシコとアリゾナのプエブロ・インディアンを訪問する。

一九二五年（大正一四年）——五〇歳

●——英語による最初のゼミ「分析心理学」を行う。

●——ロンドンのウェンブリー展でイギリス統治下の諸民族の展観を見る。秋から翌年にかけて友人二人とアフリカを再訪、エジプト、ケニア、ウガンダを旅する。

一九二六年（昭和元年）——五一歳

●——『分析心理学と教育』を刊行する。

一九二七年（昭和二年）——五二歳

●——中心と「自己」に関する考えが明確になってくる。「永遠への窓」と題する曼陀羅を描く。

一九二八年（昭和三年）――――五三歳

●――『自我と無意識の関係』、『心的エネルギー論』を刊行、「現代人の魂の問題」を発表する。

●――前年に続いて第二の完成された曼陀羅、中国風の「黄金の城」を描く。その直後リヒャルト・ヴィルヘルムから『黄金の華の秘密（太乙金華宗旨）』の原稿を送られ、中心と周回の概念を確立する。

●――英語ゼミ「夢解釈」を始める（至三〇年）。

一九二九年（昭和四年）――――五四歳

●――リヒャルト・ヴィルヘルムとの共著『黄金の華の秘密』を刊行。

一九三〇年（昭和五年）――――五五歳

●――国際精神療法医師会の副会長となる。会長はクレッチマー。この会は一九二八年にローベルト・ゾンマーを初代会長として設立されていた。

●――英語ゼミ「ヴィジョン解釈」開始（至三四年）。

一九三一年（昭和六年）――――五六歳

●――論文集『現代における魂の問題』を刊行。

一九三二年（昭和七年）――――五七歳

●――チューリヒ市文学賞を受賞。母国から受けた最初の栄誉。

一九三三年（昭和八年）――**五八歳**

●――ヒトラーの政権掌握に伴い排斥されたクレッチマーの後を受けて国際精神療法医師会の会長となり、『精神療法および関連領域中央誌』を主宰する。同会はスイスに本拠を移し、ドイツ精神療法医師会がM・H・ゲーリングを会長にベルリンに設けられる。

●――チューリヒのスイス連邦工業大学教授となる。同僚にヴォルフガング・パウリがいる。

●――オルガ・フレーベ＝カプテイン夫人の提唱により、マジョーレ湖畔アスコーナ郊外のカーサ・エラノスに「エラノス会議」が発足、その主要メンバーとなる。第一回テーマ「東洋と西洋のヨーガと瞑想」。この会議はのちカール・ケレーニイ、アドルフ・ポルトマン、ゲルショム・ショーレム、ハーバート・リード、ミルチャ・エリアーデ、鈴木大拙等々の参加を得て、国際的・学際的シンポジウムとなり八八年まで続く。年報『エラノス年報』。

一九三四年（昭和九年）――**五九歳**

●――エーリヒ・ノイマンが来訪する。

●――五月から「ニーチェのツァラトゥストラ」の英語ゼミを開始、ゲルマンの無意識を掘り起こし、ヨーロッパの命運を占う長大なゼミとなる。三九年未完のまま終了、八八年刊行。

一九三五年〔昭和一〇年〕——六〇歳

●——生誕六〇年記念論文集が編まれる。

●——ロンドンのタヴィストック・クリニックで分析心理学についての連続講義を行う（六八年『分析心理学』として刊行）。

●——妹ゲルトルート死す。

一九三六年〔昭和一一年〕——六一歳

●——スイス臨床心理学会が設立され、会長となる。

●——ハーヴァード大学より創立三百年を記念して名誉博士号を贈られる。

●——連邦工業大学冬季ゼミ「子どもの夢」開講（三六—三七年冬）。四〇—四一年冬季ゼミまで四回開講。

一九三七年〔昭和一二年〕——六二歳

●——イェール大学の「テリー講座」で「心理学と宗教」を講義する。

一九三八年〔昭和一三年〕——六三歳

●——インド学術会議創設二五周年記念祭に英領インド政府から招待されてカルカッタ大

学で講演を行い、インド、セイロン各地を旅行する。カルカッタ大学のほか、イスラームのアラハバード大学、ヒンドゥー教のベナレス大学より名誉博士号を贈られる。

一九三九年〔昭和一四年〕――六四歳

●――イギリス王立医学協会の精神医学部会で「精神分裂病の心因説」を講演する。同医学協会の名誉会員となる。

●――フロイト死す。バーゼルの新聞に追悼文を書く。

●――オイゲン・ブロイラー死す。

一九四一年〔昭和一六年〕――六六歳

●――ケレーニイとの共著『神話学入門』を刊行。

●――パラケルスス歿後四百年記念講演「医師としてのパラケルスス」を行う。

一九四二年〔昭和一七年〕――六七歳

●――アメリカの銀行家ポール・メロンの妻メアリによってニューヨークにボリンゲン財団が設立される。ボリンゲン叢書の刊行、ユング・インスティテュートの財政援助等に多大の寄与をなす（至六九年）。

一九四三年〔昭和一八年〕――六八歳

●――健康上の理由から連邦工業大学の教授を辞する。

一九四四年（昭和一九年）――六九歳

●――スイス医学アカデミーの名誉会員となる。

●――バーゼル大学の医学的心理学の教授となるが、雪中で骨折、安静中に血栓で死に瀕し、同年辞任する。

●――『心理学と錬金術』刊行。

一九四五年（昭和二〇年）――七〇歳

●――ジュネーヴ大学より名誉博士号を贈られる。

●――（第二次世界大戦終結）「破局のあとで」を発表。

●――七〇歳を祝って『エラノス年報』が特別号「元型的なものに関する研究」を刊行する。

一九四六年（昭和二一年）――七一歳

●――『転移の心理学』、『現代史論集』、『心理学と教育』を刊行。

●――チューリヒを訪れたチャーチルとその娘を迎える。

一九四八年（昭和二三年）――七三歳

●――四月二四日、C・G・ユング・インスティテュートがチューリヒに設立される。初代理事長C・A・マイアー。ユング派分析家の養成機関として今日に至る。

一九五一年（昭和二六年）――七六歳

●――『アイオーン』刊行。

一九五二年（昭和二七年）――七七歳

●――『変容の象徴』四訂決定版、『ヨブへの答え』、パウリとの共著『自然現象と心の構造』を刊行。

一九五三年（昭和二八年）――七八歳

●――ハーバート・リードほかの編集になる英語版『ユング全集』の刊行が始まる。第一回配本『心理学と錬金術』。

一九五四年（昭和二九年）――七九歳

●――元型論集『無意識の根底について』を刊行。

●――BBC放送のテレビ・インタヴューを受ける。

一九五五年（昭和三〇年）――八〇歳

●――妻エンマ死す。

●――『結合の神秘』第一巻刊行。

●――八〇歳記念論文集『分析心理学研究』が編まれる。

一九五六年（昭和三一年）――八一歳

●——コンラート・ローレンツと会う。
●——『結合の神秘』第二巻刊行。「この『結合の神秘』によって初めて、私の心理学は最終的な形で現実の中に置かれ、全体として歴史の中に根を下ろした。これをもって私の使命は果たされ、私の仕事は成って、存続に耐えるものとなった」。

一九五八年〔昭和三三年〕————八三歳

●——ドイツ語版『ユング全集』の刊行が始まる。第一回配本『心理療法の実践』。
●——『現代の神話——空飛ぶ円盤』刊行。

一九六〇年〔昭和三五年〕————八五歳

●——キュスナハト名誉市民号を贈られる。

一九六一年〔昭和三六年〕————八五歳

●——「無意識への接近」(『人間と象徴』に収録された初めての啓蒙的エッセイ)を書く。
●——六月六日、キュスナハトにて逝去。

一九六二年〔昭和三七年〕

●——大半が口述による自伝『回想、夢、省察』刊行。

訳者解説およびあとがき

松代洋一

ユングの芸術・文学論

ユングの数多い著作のなかにあって、文学芸術について論じた文章はほんのわずかでしかないが、現代の文学芸術観に与えた影響はほとんど決定的と言ってよい。ここには無意識のもつ創造力あるいは破壊力と、芸術家、文学者という生身の人間とがどう関わっているかを平易に説いた「分析心理学と文芸作品の関係」、「心理学と文学」の二編を柱に、関連する小論二つを収めた。これに「ユリシーズ」、「ピカソ」（いずれも日本教文社刊ユング著作集第三巻『こころの構造』所収）、『タイプ論』（みすず書房ほか）中のシラー、シュピッテラーへの言及、英語によるゼミナール『ニーチェのツァラトゥストラ』（人文書院より刊行予定）を加えれば、ユングの芸術論、文学論はそれでほぼ尽くされる。

これらの諸編を読んですぐに気づかれるのは、同じように文学作品から多くのヒントを得ていたフロイトと、取り上げる作品がかなり異なることである。たとえばユングにとって欠かせない研究対象だったニーチェを、フロイトは意識的に読まないようにしたと言っているし、ユングはユングでフロイトが熱中したドストエフスキイはまったく無視している。わずかにドッペルゲンガーを扱ったゼミナールで、ワイルドやゲオルゲの名とともにこの『分身』の作者名を挙げているにすぎない。それも当然と思われるのは、フロイトにとって問題は、抑圧と抑圧による無意識内容の変形という心理のプロセスだったのに対して、ユングはひたすら幻視体験の窺われる作品を捜し求め、そこに集合的無意識の所産を見出し、その産出に与《あずか》る芸術家の宿命を追究した。二人が共通して深甚な興味を抱いた作品にシュピッテラーの『イマーゴ』（主婦の友社）があって、書簡の中で互いに作中の人名をもじって楽しんでいるが、それも不思議でないのは、この作品にはドストエフスキイ風な自意識の過剰から来る現実の歪曲と、アニマの諸形姿をはじめとする元型の擬人化とがともに見られるからである。

幻視者タイプの文学

ニーチェとドストエフスキイは十九世紀最大の人間心理の洞察者だったが、二十世紀最大のそれであるフロイトとユングの彼らに対する関心が二つに分かれたのは大変興味深い。ユングの関心を惹かなかったという一事から翻って見るならば、ドストエフスキイは一切を先鋭に意識化していて、登場人物の名前から性格、思想に至るまで細慮の行き届いた作品作りをしている。ユングの言う内向的作家に数えられるだろう。フロイトがドストエフスキイに見出した父殺しのモティーフも、本書に収めた「エディプス・コンプレクス」を読めば、ユングがごく常識的な立場を採っていて、このコンプレクスに現実にある以上の意味を与えていないことがわかる。それに対してニーチェの『ツァラトゥストラ』やゲーテの『ファウスト第二部』に対しては、芸術作品と症例とは異なるという持論にもかかわらず、ほとんど症例を扱うのに似た分析を加えていて、とりわけ『ツァラトゥストラ』の英語ゼミは足掛け六年八六回に及んでしかも第三部の中ほどで未完のまま終わっており、刊行された速記録は千五百ページを越える。

こうした外向型もしくは幻視者タイプの文学、芸術についての理解は、今日ではむしろ一般に行き渡っていて、作品がまったく作者一個人の力の成果であると考える人のほうが少ないと思われる。こうした創作の機微は、何もユングを俟つまでもなく、古来気づく人は気づいていた。典型的な内向的態度の鷗外はいざ知らず、『夢十夜』のような幻視作品をもつ漱石には次のような感想がある。「霊ノ活動スル時、ワレ我ヲ知ル能ハズ。之ヲsecretト云フ。此secretヲ捕ヘテ人ニ示スコトハ十年ニ一度ノ機会アリトモ百年ニ一度ノ機会アリトモ云ヒ難シ。之ヲ捕ヘ得ル人ハ万人ニ一人ナリ。文学者ノアルモノノ書キタル、アルモノノ価値アルハ之ガ為ナリ」(断片)。また古賀政男は、歌の天才とは「数十年の間民族の間に蓄積された情感がぱっと吹き出る、その噴出口のことなのだ、だから歌の天才は本人の血筋にも遺伝にもかかわりなく、いわば民族の暗黙の意志として現われ出る」と言っている。

そこで個人としての芸術家は、無意識の底から湧き出てくるものに食い尽くされることも稀でないのは、これまた周知のとおりで、ゴッホやモディリアーニ、モーツァルトをはじめ、イサドラ・ダンカン、ビリー・ホリデイ、エディット・ピアフ以下、無名の芸人たちに至るまで、枚挙に暇《いとま》がない。

個性と無名性

ところがこうした芸術観が広まるにつれて、今度はいままでとは逆の誤解が生じているようであって、ユングの所説をもこのように誤解する人がいるかと思われるので、これについては少しく触れておきたい。それは、芸術作品は作者個人の与り知らぬ、本質的に作者とは無関係な所産であり、真の作り手はアノニムであるという説である。これがはなはだしい誤解であるのは、優れた芸術ほど、その作者の個性を強烈に帯びているという一事からして明らかである。ピカソは一筆のなぐり書きに至るまでピカソであり、モーツァルトは一小節の装飾音までモーツァルトでしかない。私たちは初めて聴く曲でもそれがモーツァルトであることを知り、ピカソの絵は鳥でさえ見分けることができるという。「ファウストはドイツ人以外には書けなかった」ということは、ただちに「ドイツ人なら誰が書いても不思議ではなかった」ということにはならない。作品は個性の極みである。個性的・独創的であるほど普遍性を獲得する、というパラドクスこそは、個人と集団の関係における逆説的真実なのである。

むしろ無名性は、純粋に合理的な理性の産物の属性と言ったほうがよい。今日のジャンボ・ジェット機を見て、ライト兄弟以外の個性を想起しないのは、飛行機発達史に関する私たちの無知のせいというよりも、これを成り立たせている大小無数の発明が、誰が先鞭をつけても不思議のないものだったからである。ここで競われたのは先着権、プライオリティであって、独創性、オリジナリティではない。今日優れた技術者は往々にして、現に利用されている自分の発明がわが功績であることを、同じ専門の後進にもう忘れられているという悲哀を味わうことにおいて、すでに作品が市場から完全に消えているにもかかわらず、事典や史書に名をとどめている凡庸な作家と際立った対照を成している。こうした技術の進歩積み重ねにおける無名性は、実に近代科学の黎明期からのものであった。無名性は近代科学の担い手たちの、むしろ自覚し自負するところでさえあった。工房で手仕事に従事する高級職人であった彼らは、自分の発案を後進の誰でもの有用と利益のために、つまりはもっぱら公益と当該技術の進歩のために、ためらうことなく公開したのである。

一方、同じ科学上の発明、発見であっても、それが従来の意識の方向をひっくり返すような画期的な発想は、たとえばエネルギー恒存の法則やベンゼン環の発見、中間子理論の着想のように、無意識が手を貸している場合が多く、実際夢の中で行われることさえ稀ではない。

　このように個人の合理的理性の産物が無名性を特徴とし、超個人的な集合的無意識の所産が作者の個性の刻印を打たれて世に流通するという事実は、合理的理性が個人を超えた共通性と反復可能性によってその正常な働きを保証されるのに対して、無意識はつねに一回限りの姿で現われることによって強い印象を与え、メッセージを伝えるという事情によるものであろう。印象深く、したがって深い意味をもった夢は、いかに類型的ではあっても、一々のディテイルにおいて鮮やかなまでに独創的である。それと同様に、無意識の深みから発せられたメッセージと、その受け手である芸術家との出会いも、一回限りのものであって、必然的に個性的でしかありえないのである。だからまた、その功績をどちらか一方だけに帰することもできないだろう。無意識内容は、芸術家の造形力を借りなくては自らを十全に表現することが叶わない。詩人は、无妄《むぼう》の心をもって無意識という母たちの国へ降りてゆくのでなければ、天命助けず、どこへ行くというのであろうか。

無意識との接触法

ところで、夢が万人の体験するところである以上、無意識の豊饒と接触しそこからいくばくかを汲み出す道は、ひとり芸術家に限らず万人に開かれているはずである。その方法を具体的に説いたのが「超越機能」にほかならない。この一編は一九一六年に書かれた。このころユングは、第一次世界大戦のさなか、ひとりリビドーの内向するままにしきりに曼陀羅図を描いていた。それを思うとここで説いている無意識内容を引き出すための実践的修法は、自らの体験に基づくものと考えられる。超越機能とは、意識と無意識の内容を対決させ、統合することによって、今までとは違った心的態度を獲得するプロセスを言う。無意識内容から表現手段を借りて美的造形を試みる、たとえば実際に絵を描いてみるという点では、それは芸術作品とまったく軌を一にしている。しかし無意識内容の吐露表出そのものがただちに芸術にならないという一事には、あらためて留意する必要がある。

ユングは超越機能に際して、美的、芸術的造形のほうに気を奪われて、意味の理解がおろそかになることを警告するばかりである。ユング自身、無意識から昇ってくるものを絵に描いていたとき、これは芸術ではないかと自問し、「それは違う」というデーモンの声を聴いている。実際そのとおりなので、ユングの描いた数多い絵の中で、一番よくできているのは二十代の、ごく単純に意識の産物であるにすぎない一枚の風景画なのだ。ユングも力説するように芸術は、文学も含めて、他の分野からの容喙を一切受けつけないまったく独自の価値基準をもっている。テーマが重要だから、主張が正しいから作品が優れているとは言えないように、無意識の内なる普遍的なものが現われているから優れているともけっして言うことができない。作品の高下を量るのは、享受する人間の、積み重ねられた教養と、研ぎ澄まされた趣味好尚に支えられた感受と共振の能力であって、そうした鑑賞力に耐えうる作品を産み出そうとするのが創る者の努力にほかならず、その努力と修練を省いて、無意識から濡れ手に粟でつかみ出そうとする砂金採りが、子どもの創作を例外として成功したためしがない。したがってまた文学、芸術作品を経済や性に還元できないように、無意識や元型に還元することもできないのである。

創造性と時代

しかしまた、どんなに磨き抜かれた技巧も優れた様式も、ひとたび完成の域に達したとき、もはや流動してやまない生命のエネルギーを盛る器ではなくなってしまう。それはもう無意識からのメッセージを伝えて人の心を揺さぶることをやめる。様式が発展向上して頂点に達したとき、今度は硬化して生の脈動を盛るに足りなくなるのは、西部劇や剣劇映画の興廃を見るだけでわかる。古い様式がとうに完成し、新しい様式がいまだ生まれてきていない時代は、現在がまさにそれなのだが、創造力が衰え弛緩した時期であって、間然するところがない作品ほど人の心を撃たなくなる。「非の打ち所のないものがつまらない」、これがこの段階に至った芸術の、そればかりかこの時代そのものの表徴である。

反対に創造力に漲った時代には、数百年に一人というような天才がそれこそ輩出して、時代そのものを形成するのは、イタリアのクァトロチェント、唐の開元の治、わが元禄の文化を見れば足りる。十年に一人の天才が十年おきに現われ、百年に一人の天才が百年おきに現われるわけではない。時節に逢わずに生まれてきた天才は、ついに天才の名を冠せられずに終わるのみである。自然は才能を浪費する。といってそれも、無数の精子や受精卵や幼生を浪費するように浪費するまでの話であって、この一見浪費と見えるものも、自然の行う確率計算がはじき出した周到な配慮の結果なのに違いない。

創造の決定権が人間の側にではなくあちら側、集合的無意識の側にあるのは何の不思議でもなく、無意識は時を見はからったように、硬化した意識の態度に冷水を注ぎかける。いつの時代も意識の態度は、つねに無意識の補正と補償を受けることなしには、一面性から抜け出せず、硬化を免れないからで、まさに芸術は、ユングの言うように個人に関わるばかりか社会と民族と時代精神に、それどころか人類の運命に関わるのである。

本書は一九八五年に朝日出版社から刊行されたが、今回平凡社ライブラリーに収めるにあたって「分析心理学と文学の関係」および「ユング年譜」を加えた。

「分析心理学と文学の関係」(Über die Beziehungen der analytischen Psychologie zum dichterischen Kunstwerk)は、一九二二年チューリヒのドイツ語学文学会での講演で、のちに論集『現代人の魂の問題』に収められた。日本教文社版ユング著作集『現代人のたましい』に先訳がある。

「心理学と文学」(Psychologie und Dichtung)は一九三〇年にエーミール・エルマティンガーなる人の編纂した『文芸学の哲学』という単行本に発表された。

「超越機能」(Die transzendente Funktion)については先に触れたが、ユングの前書きによれば、一九五七年になってユング・インスティテュートで一学生によって発見され、英訳されて私家版として印刷に付されたという。

「エディプス・コンプレクス」(Ödipuskomplex)は一九一二年にニューヨークのフォーダム大学で行われた連続講演「精神分析理論、概説の試み」の第六回講演である。

「ユング年譜」は雑誌『エピステーメー』一九七七年五月号〈特集C・G・ユング〉のために作成したものに手を加えた。

旧版では中野幹隆氏に、今回の新版では二宮隆洋氏にお世話になったことを記して感謝申し上げたい。

(まつしろ　よういち／ドイツ文学)

平凡社ライブラリー 140

創造《そうぞう》する無意識《むいしき》

ユングの文芸論

発行日…………1996年3月15日　初版第1刷
2018年12月7日　初版第12刷
著者……………C.G. ユング
訳者……………松代洋一
発行者…………下中美都
発行所…………株式会社平凡社
〒101-0051　東京都千代田区神田神保町3-29
電話　東京(03)3230-6579[編集]
東京(03)3230-6573[営業]
振替　00180-0-29639

印刷・製本………図書印刷株式会社
装幀……………中垣信夫

ISBN978-4-582-76140-5
NDC分類番号 146
B6変型判(16.0cm)　総ページ202

平凡社ホームページhttp://heibonsha.co.jp/
落丁・乱丁本のお取り替えは小社読者サービス係まで
直接お送りください(送料，小社負担).

平凡社ライブラリー　既刊より

【世界の歴史と文化】

J・A・コメニウス……世界図絵
谷　泰……牧夫フランチェスコの一日――イタリア中部山村生活誌
鶴岡真弓……ジョイスとケルト世界――アイルランド芸術の系譜
上智大学中世思想研究所 監修……キリスト教史1 初代教会
上智大学中世思想研究所 監修……キリスト教史2 教父時代
上智大学中世思想研究所 監修……キリスト教史3 中世キリスト教の成立
上智大学中世思想研究所 監修……キリスト教史4 中世キリスト教の発展
上智大学中世思想研究所 監修……キリスト教史5 信仰分裂の時代
上智大学中世思想研究所 監修……キリスト教史6 バロック時代のキリスト教
上智大学中世思想研究所 監修……キリスト教史7 啓蒙と革命の時代

【自然誌・博物誌】

今西錦司……生物社会の論理
今西錦司……遊牧論そのほか
伊谷純一郎……チンパンジーの原野――野生の論理を求めて
河合雅雄……サルの目 ヒトの目
日高敏隆……人間についての寓話
中西悟堂……愛鳥自伝 上・下

別役 実……けものづくし――真説・動物学大系

奥本大三郎 編著……百蟲譜

デズモンド・モリス……ふれあい――愛のコミュニケーション

フランス・ドゥ・ヴァール……政治をするサル――チンパンジーの権力と性

チャールズ・ダーウィン……ミミズと土

L・ポーリング……ポーリング博士のビタミンC健康法

澁澤龍彥……フローラ逍遙

【思想・精神史】

林 達夫＋久野 収……思想のドラマトゥルギー

エドワード・W・サイード……オリエンタリズム 上・下

野村 修……ベンヤミンの生涯

宮本忠雄……言語と妄想――危機意識の病理

ルイ・アルチュセール……マルクスのために

マルティン・ハイデッガー……形而上学入門

マルティン・ハイデッガー……ニーチェI・II

ニコラウス・クザーヌス……学識ある無知について

P・ティリッヒ……生きる勇気

C・G・ユング……………………………創造する無意識――ユングの文芸論
C・G・ユング……………………………現在と未来――ユングの文明論
R・A・ニコルソン………………………イスラムの神秘主義――スーフィズム入門
市村弘正……………………………………増補「名づけ」の精神史
ミハイル・バフチン………………………小説の言葉――付：「小説の言葉の前史より」

【エッセイ・ノンフィクション】

永井　明……………………………………ぼくが医者をやめた理由
永井　明……………………………………ぼくが医者をやめた理由　つづき
永井　明……………………………………新宿医科大学
荒俣　宏……………………………………奇っ怪紳士録
池内　紀……………………………………新編　綴方教室
上田三四二…………………………………うつしみ――この内なる自然
中村敏雄……………………………………メンバーチェンジの思想――ルールはなぜ変わるか
チャールズ・ラム…………………………エリアのエッセイ
増田小夜……………………………………芸者――苦闘の半生涯
リリアン・ヘルマン………………………未完の女――リリアン・ヘルマン自伝
M・ブーバー＝ノイマン…………………カフカの恋人　ミレナ